행복을 키우는 공감 학습

행복을 키우는

# 공감 학습

초판 1쇄 발행  2021년 11월 15일

지은이  장원호·박혜정

펴낸이  김선기

펴낸곳  (주)푸른길

출판등록  1996년 4월 12일 제16-1292호

주소  (08377) 서울시 구로구 디지털로 33길 48 대륭포스트타워 7차 1008호

전화  02-523-2907, 6942-9570~2

팩스  02-523-2951

이메일  purungilbook@naver.com

홈페이지  www.purungil.co.kr

ISBN 978-89-6291-944-8  93370

이 저서는 2017년도 대한민국 교육부와 한국연구재단의 지원을 받아 수행된 연구임(NRF-2017S1A3A2067374)

행복을 키우는

# 공감 학습

푸른길

이 책은 글로컬문화·공감사회연구센터의 공감사회연구 시리즈의 두 번째 저서이다. 2019년에는 시리즈의 첫 저서인 『공감, 대한민국을 바꾼다』가 출간되었다. 이 책은 공감의 정의, 공감 부재 대한민국의 현황, 문화를 통한 공감의 가능성, 공감 사회를 만들기 위한 전제를 개괄적으로 논의하였다. 부족한 점도 있었지만, 공감에 대한 사회의 관심도가 높아 2020 세종 도서 학술 부문 우수 도서로 선정되기도 하였다.

글로컬문화·공감사회연구센터에서는 한국사회의 공감 부족 문제를 지속적으로 다루어 왔다. 우리가 공감에 집중하는 이유는 우리 사회에서 '각자도생의 사회'라는 담론이 당연시되고 있는데, 이것에 대해 대안적인 사회를 이룰 수 있다는 목소리를 내기 위해서이다. 실제로 여러 언론이 한국사회가 이제 각자도생의 사회로 들어섰다는 전제하에 각자도생 사회에 적응하는 방법, 장점 등을 보도하고 있다. 물론 각자도생의 사회에도 장점이 있다. 예를 들어 주위 사람을 의식하는 데 따른 지나친 부담을 줄이면서 자유로운 선택의 삶을 살아갈 수 있을 것이다. 하지만 우리는 그러한 삶은 인간의 가장 중요한 본성과 어긋난다고 생각한다. 하버마스가 잘 지적하였듯이, 인간은 타인과의 진정한 소통을 원하고 이것은 본연적인 욕구이다. 즉 상대방에게 자신을 표현하고 상대방을 알고자 하는 욕구, 다시 말해 공감의 욕구는 인간에게 본연적인 것이다.

그래서 이 책에서는 공감과 행복과의 관계로부터 논의를 시작한다. 왜 공감이 필요할까? 행복해지기 위해서이다.

이 책은 사회적 행복도가 매우 낮은 우리 사회를 살펴보는 것으로부터 시작된다. 사회적 불행의 원인으로는 사회 내 갈등이 증폭하고, 갈등 관리가 되지 않는다는 것을 주된 요인으로 제시하고 있다. 그런데 그 갈등 증폭의 원인으로 사람들이 제시하는 것이 바로 소통의 부재, 즉 공감의 부재이다.

개인적인 측면에서도 공감은 행복을 위해서 필요하다. 우리가 남에 대해, 또는 다른 집단에 대해 공감하지 못할 때, 그 사람, 그 집단에 대한 분노와 증오가 깊어지고 그것이 결국 나 자신을 불행하게 만든다. 필자의 선배 중 보수적 기독교 신자가 있었는데, 동성애자에 대한 적개심을 표현하면서, 그들 때문에 자신이 얼마나 정신적, 감정적 피해를 입었는지 호소하였다. 당시 필자는 그 얘기를 들으면서 '아마 동성애자가 더 피해를 보지 않았을까?'라는 생각도 하였지만, 동시에 남에 대한 증오는 결국 자신의 불행을 증폭시킨다는 사실을 깨닫게 되었다.

왜 공감해야 하는가? 우리 국민 전체의 행복을 위해서, 또 나 자신의 행복을 위해서이다. 이런 의미에서 이 책에서는 왜 공감이 필요하고, 사회 내에서 공감이 향상되면 어떤 변화가 있을 수 있으며, 그 공감을 향상할 제언을 다루고 있다.

제1부에서는 먼저 한국인 불행의 원인이 갈등 증폭이라는 점, 그리고 갈등을 해소하기 위한 공감의 중요성을 다룬다. 그다음, 갈등의 원인이 되는 불신의 문제를 다루고, 공감과 신뢰 간의 관계를 분석하면서 불신을 해소하기 위한 공감의 함의를 다룬다. 마지막으로, 시민 공감학습 키워드를 제시한다. 중요한 키워드로는 자기공감, 듣기, 다양한 기준, 열린 공감, 그리고 이중 경제의 해소를 들 수 있다.

제2부에서는 공감을 향상할 교육 방법을 본격적으로 다룬다. 이 과정에서 공감 교육의 정의와 내용을 설명하고, 한국사회에 부재한 공감 교육에 대해 다룬다. 이와 같은 문제점을 해결하기 위해 우리나라와 외국의 공감 교육 주요 사례를 살펴보고, 공감 교육을 위한 대안을 제시한다.

제1부는 장원호가 주로 집필하였고, 제2부는 박혜정이 주로 집필하였다.

이 책이 출간되기까지 많은 이들의 도움이 있었지만, 그중에서도 서울시립대학교 도시사회학과 대학원생들의 노력과 헌신에는 아무리 감사해도 부족하다. 지금은 미국 텍사스대학교의 박사과정에 재학 중인 이수민, 서울대학교 박사과정으로 진학한 유찬기, 석사를 졸업하고 연구자의 길을 가고 있는 오세진, 석사과정의 김보미, 민우정의 도움이 없었다면 이 책의 출간은 불가능했을 것이다. 특히 오세진

은 이 책의 출간을 위해서 처음부터 끝까지 필요한 모든 작업을 도와
주었다. 다시 한번 감사를 표한다. 또 책의 원고를 최종적으로 리뷰
하고 다듬어 준 최가영 박사에게도 큰 감사를 표한다. 어려운 출판 상
황에서도 항상 흔쾌히 출간해 주는 푸른길의 김선기 사장께는 항상
빚진 마음이다.
　부족한 점이 있겠지만 이 책이 한국사회 내에서 공감을 1% 향상하
는 데 기여하기를 간절히 바란다.


장원호 · 박혜정

# | 차 례 |

머리말 *4*

## 제1부 행복한 시민이 되기 위한 공감 학습

제1장　행복을 위한 갈등 해소와 공감 *13*
　　　1. 갈등과 행복 *13*
　　　2. 한국의 사회 갈등 *18*
　　　3. 갈등과 사회적 공감 *33*

제2장　공감과 신뢰 *43*
　　　1. 공감과 신뢰의 관계 *44*
　　　2. 한국사회 저신뢰의 원인 *51*
　　　3. 신뢰-공감-행복의 관계 *59*

제3장　시민 공감 학습을 위한 키워드 *61*
　　　1. 자기 공감 *61*
　　　2. 듣기 연습 *65*
　　　3. 다양한 시선으로 상대 보기 *69*
　　　4. 열린 공감 연습하기 *81*
　　　5. 공감 학습을 위한 제도적 개선: 이중 경제의 해소 *87*

# 제2부 공감 교육의 특성과 사례

제4장   공감 교육의 정의와 내용  93
  1. 공감 교육의 정의  93
  2. 공감 교육의 방법  98
  3. 공감 교육의 모델  104

제5장   우리나라 제도권 교육의 공감 부재  115

제6장   국내 공감 교육 사례  123
  1. 학교 안에서 공감하기  123
  2. 학교 밖에서 공감하기  131

제7장   국외 공감 교육 사례  137
  1. 사회 정서적 학습  137
  2. 인성 교육  144
  3. 공감 교육의 의무화: 덴마크의 클라센스티드  149
  4. 시민이 즐기는 공감 교육: 보스턴의 플레이풀 보스턴  152

제8장   공감 교육을 위한 제안  156

**에필로그** *164*

**주** *168*

**참고문헌** *171*

**찾아보기** *179*

# 제1부
# 행복한 시민이 되기 위한 공감 학습

# 제1장. 행복을 위한 갈등 해소와 공감

## 1. 갈등과 행복

우리 사회는 지난 한 세기 동안 급격한 사회변동을 겪어온 국가이다. 일제 치하의 식민지배 경험, 한국전쟁, 민주화 운동 등 급격한 사회 변화와 전 세계적으로 유례를 찾아볼 수 없는 경제성장을 이뤄 냈다. 하지만 물질적 풍요를 얻어 낸 것과 달리 국민의 행복 수준은 증가하였는가에 대해서는 의문을 제시할 수밖에 없을 것이다. 미국의 경제학자 리처드 이스터린(Richard A. Easterlin)은 제2차 세계대전 이후 미국의 경제성장은 지속되었지만, 자신이 행복하다고 느끼는 국민의 비율은 30% 이내에 불과하다는 것을 발견했다. 이와 같이 경제가 성장하더라도 행복감이 증대되지 않는 것을 '이스터린의 역설'이라 부른다. 즉 주관적인 행복에 경제적인 성장이 절대적인 영향을

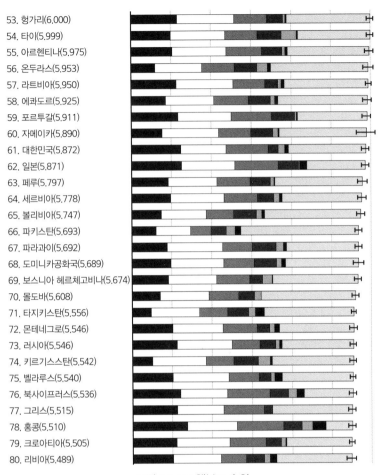

| | |
|---|---|
| 53. 헝가리(6.000) | |
| 54. 타이(5.999) | |
| 55. 아르헨티나(5.975) | |
| 56. 온두라스(5.953) | |
| 57. 라트비아(5.950) | |
| 58. 에콰도르(5.925) | |
| 59. 포르투갈(5.911) | |
| 60. 자메이카(5.890) | |
| 61. 대한민국(5.872) | |
| 62. 일본(5.871) | |
| 63. 페루(5.797) | |
| 64. 세르비아(5.778) | |
| 65. 볼리비아(5.747) | |
| 66. 파키스탄(5.693) | |
| 67. 파라과이(5.692) | |
| 68. 도미니카공화국(5.689) | |
| 69. 보스니아 헤르체고비나(5.674) | |
| 70. 몰도바(5.608) | |
| 71. 타지키스탄(5.556) | |
| 72. 몬테네그로(5.546) | |
| 73. 러시아(5.546) | |
| 74. 키르기스스탄(5.542) | |
| 75. 벨라루스(5.540) | |
| 76. 북사이프러스(5.536) | |
| 77. 그리스(5.515) | |
| 78. 홍콩(5.510) | |
| 79. 크로아티아(5.505) | |
| 80. 리비아(5.489) | |

그림 1.1 UN 행복도 순위

출처: UN World Happiness Report, 2019

주지는 않는다는 것이다. 결국 사람들이 행복하다고 느끼는 것은 경제적인 안정 이외에 다른 것이 필요하다는 것이다.[1]

경제적인 성장이 행복으로 이어지지 않는다는 리스터린의 역설에서 중요한 것은 행복에 있어서 경제적인 요인 이외에 어떠한 요인이 작용하는지 분석하는 것이다. UN 행복지수는 1인당 국내 총생

행복을 키우는 공감 학습

표 1.1 UN 행복지수 평가 영역 및 지표 내용

| 부문 | 영역 | 지표명 | 평가내용 |
|---|---|---|---|
| 삶의 질 만족 | 1인당 GDP | 달러 표시 1인당 GDP | WD(World Development Indicators) 자료 활용 |
| | 건강 기대수명 | 건강한 기대수명 | WHO(World Health Organization) |
| | 믿을 만한 사람의 여부 | 어려움이 있을 때 의지할 수 있는 친척이나 친구가 있는지 여부 | "당신이 곤경에 처했을 때 도와줄 누군가가 있는가?" |
| | 인생 선택의 자유 | 삶에서 일을 선택할 수 있는 자유에 대하여 만족하는지 여부 | "당신은 삶을 선택할 자유가 있는가?" |
| | 부패인식 | 부패한 정부 전반과 기업 내에서의 부패가 널리 퍼져있는지 여부 | "정부가 부패했는가?"/ "기업이 부패했는가? |
| | 사회의 관용 | 1인당 GDP를 지난달 자선단체에 기부하였는지 여부로 회귀분석한 잔차 | "당신은 지난달에 기부한 적이 있는가?" |
| 긍정적 감정 | 전날의 행복감, 웃음, 즐거움에 관한 GWP 측정 | 최근 일상에서 겪은 경험과 느낀 감정을 긍정적 영향과 부정적 영향을 산출 | "어제 얼마나 행복을 느꼈는가?" |
| 부정적 감정 | 전날의 염려, 슬픔, 분노에 대한 GWP 측정 | | |

출처: UN World Happiness Report(2019)

산(GDP), 건강 기대수명, 사회적 지지, 선택의 자유, 관용, 부정부패와 같은 6가지 변수를 분석하여 삶의 만족도와 행복감을 측정한다. 2017~2019년의 행복지수로 볼 때, 우리나라는 61위에 머물고 있는 것을 볼 수 있다. 우리나라의 1인당 GDP와 건강 기대수명은 높은 순위에 있지만, 사회적 지지, 관용, 부정부패와 같은 지표는 낮은 순위를 기록하고 있다.[2] 그래프에서 우리나라의 순위를 살펴보는 것도 중요하지만, 그보다는 우리보다 행복하다고 느끼는 국가들이 우리보다 경제적으로 잘사는 국가인지를 유심히 살펴볼 필요가 있다. 자메이카와 태국과 같은 국가들이 우리보다 행복하다고 느끼는 것을 볼 때 경제적인 요소는 행복도에 절대적인 영향을 미치고 있지 않다는 것을 알 수 있으며, 비경제적인 요소인 관용, 부정부패, 사회적 지지, 선택의 자유 등이 행복에 큰 영향을 미친다는 것을 알 수 있다.

또 다른 지표인 OECD 삶의 질 지표(Better Life Index)를 살펴보아도 한국은 35개 국가 중 28위를 차지하고 있는 것으로 나타났다.

OECD 삶의 질 지표는 물질적 부문과 비물질적 부문으로 구성되어 있으며 비물질적인 부문은 삶의 만족, 일과 삶의 균형, 사회적 관계 등으로 구성되어 있다. 한국은 전체 삶의 질 지수에서 OECD 평균에 훨씬 못 미치는 점수를 기록하고 있으며 주관적 삶의 만족도, 일과 삶의 균형, 사회적 관계와 비물질적 부문에서 하위권을 기록하고 있다. 대립하는 집단이 생기고 이들과 갈등이 발생하면 사회에 대한 만족도가 떨어지게 되며, 이로 인해 삶의 질은 떨어질 수밖에 없다. 그림 1.2에서 나타나듯이 한국은 OECD 국가 중 갈등 수준이 매우 높고, 갈등 관리 지수는 낮게 나타난다. OECD에서 발행한 삶의 질 지표(Better Life Initiative)에서 나타나는 갈등 관리 지수와 갈등 요인 지수를 통해서 볼 때 갈등과 삶의 질은 중요한 상관관계에 있다는 것을 알 수 있다. 이런 의미에서 갈등의 요인이 산재하고 있는 상황과 갈등이 발생할 시 이를 해결할 갈등 관리 요소의 부재는 한국사회에서 삶의 질을 떨어뜨리고 있다. 이것이 바로 경제적으로 풍요함을 달성한

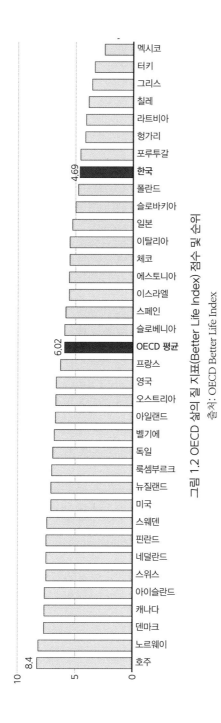

그림 1.2 OECD 삶의 질 지표(Better Life Index) 점수 및 순위

출처: OECD Better Life Index

사회에 살아가는 우리가 불행하다고 응답하고 삶의 질이 낮다고 응답하는 사람이 많은 이유 중 하나로 볼 수 있다.

## 2. 한국의 사회 갈등

잠재적인 갈등 요인이 산재하고 있는 상황에서 언제 터질지 모르는 갈등과 옆 사람 혹은 누군가와 대립할지 모른다는 불안감에서 오는 스트레스가 우리 한국사회를 사는 사람들이 불행하다고 느끼게 하는 요인 중 하나라고 할 수 있다. 갈등은 자신과 다른 가치관을 가진 집단이 서로 상이한 것을 추구하는 과정에서 대립하거나 한정된 자원을 두고 경쟁할 때 일어난다. 전 세계적으로 갈등의 심화는 집단 간 혐오 현상으로 이어지고 있다. 타 인종에 대한 혐오, 타 국민에 대한 혐오, 타 종교에 대한 혐오 등은 인명 피해나 사회 분열, 전쟁 등 심각한 양상으로 전개되기도 한다. 이런 혐오가 발생하는 원인은 무엇일

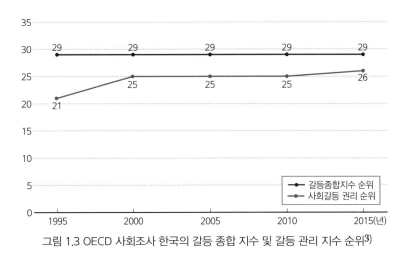

그림 1.3 OECD 사회조사 한국의 갈등 종합 지수 및 갈등 관리 지수 순위[3]

행복을 키우는 공감 학습

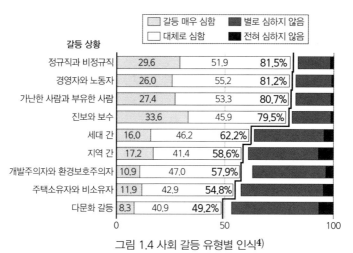

그림 1.4 사회 갈등 유형별 인식[4])

주: 전국 만 19~75세 이하 남녀 3,669명을 대상으로 9가지 사회 갈등에 대한 인식(단위: %)

까. 인종이나 국가, 종교 등은 서로 다른 가치관을 추구하게 되는데 이를 이해하지 못하거나 다른 집단을 적대시하는 감정에서 시작한다고 볼 수 있다. 사회 갈등 인식조사를 통해 볼 때 우리 사회는 대부분의 갈등이 심하다고 느끼고 있다는 것을 알 수 있다. 갈등의 유형 중 정규직과 비정규직, 가난한 자와 부유한 자, 경영자와 노동자 간 갈등과 같은 계층 갈등, 노사 갈등 등은 한정된 자원에 분배에 관한 갈등이라고 볼 수 있으며 세대 갈등과 성별 갈등은 각자 겪어 온 환경에 대한 이해 부족으로 인해 나타나는 갈등이라고 볼 수 있다.

우리가 주목해야 할 갈등의 양상은 한정된 자원을 둘러싼 갈등보다 서로 간의 이해 부족으로 발생하는 갈등인 세대 갈등과 성별 갈등 등이다. 한정된 자원을 둘러싼 갈등은 제도적인 해결책이 우선되어야 하지만, 서로 간의 이해가 부족한 상황에서 발생하는 갈등은 제도적 차원보다는 개인의 노력과 더불어 사회적 지원과 같은 제도가 뒷받침되어야 한다.

　같은 시기를 살아감에도 불구하고 서로 다른 교육과 삶의 방식을 가지고 있으며 다른 가치관을 교육받으며 살아온 세대 간 갈등은 결국 서로의 차이를 받아들이지 못하고 서로가 자신의 주장을 하면서 갈등의 양상으로 나타나고 있다. 세대란 출생 시기가 비슷한 사람들 간의 역사적, 문화적 경험을 공유하며 서로 유사한 의식, 태도, 양식 등의 동류의식을 갖는 사람의 집합을 가리킨다. 비슷한 연령대를 가진 사람들은 그 시대의 사회·문화적 사건을 겪으면서 집합적 가치관을 형성하게 된다. 세대 갈등이 다른 갈등보다 더 문제시되는 이유는 가정 내에서도 빈번하게 발생할 수 있는 갈등이기 때문이기도 하다 당장 부모님 세대와 젊은 세대들 간의 경제관념이나 가치관의 차이는 마찰을 빚기 마련이며, 직장 내 기성세대들과의 마찰은 결국 사회 전체에 기성세대와 젊은 세대의 갈등을 야기하기 시작했다. '요즘 젊은 것들은 버릇이 없다', '어른들은 말이 안 통한다'라는 말로 대표되는 세대 갈등은 서로 간의 이해 충돌과 감정들이 점차 갈등의 양상으로 이어지기 시작하고 가정, 회사 등의 공간에서 주목받기 시작하면서 우리 사회에서 해결해야 할 주된 갈등이 되고 있다.

　서로 다른 교육을 받으며 자라 왔고, 서로 다른 사회 상황에서 자라 왔으며, 다른 경제적인 상황에서 출발한 세대 간의 문화 차이는 결국 서로에 대한 비난과 혐오로 이어지고 있다. 특히 민주화 운동을 겪은 부모 세대와 민주화 이후, IMF를 겪은 자녀 세대들 간의 갈등은 가장 심각하게 나타나고 있는 하나의 갈등 사례라고 볼 수 있다.

　사회는 시간이 지남에 따라 변화하기 마련이다. 이는 곧 각각의 연

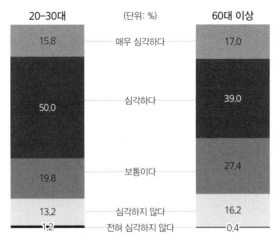

그림 1.5 한국사회 세대 갈등 수준[5]
출처: 오픈서베이

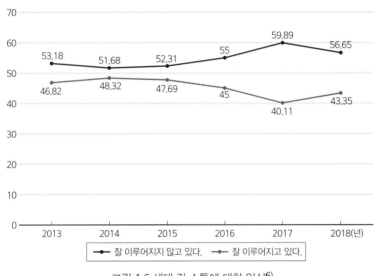

그림 1.6 세대 간 소통에 대한 인식[6]
출처: 2013~2018 한국행정연구원 사회통합실태조사 데이터 재구성(단위: %)

령층이 공유하는 경험과 그를 통해 형성되는 가치관을 서로 다르게 만든다. 이런 세대 간 문화와 가치관의 차이는 결국 서로에 대한 이해 부족으로 이어지게 되고 갈등으로 나타나게 된다.

세대 간에 불균등하게 분포된 자산과 소득의 구조는 청년들에게 상대적 박탈감을 느끼게 하는데, 여기에 덧붙여 청년들은 과거에 비해 더 취업하기 어렵고, 취업해서도 더 많은 세금을 납부해야 하는 다중고를 겪고 있다. 또한 '고용 없는 성장', 다시 말해 일자리 수는 제자리걸음을 하는 데 반해, 대기업 위주의 경제 구조로 인한 중소기업 일자리 질의 악화로 인해 청년세대는 노동시장에서 상대적으로 한정된 기회에 의존할 수밖에 없는 상황이다. 제한된 취업기회로 인한 청년층의 좌절에 대해 간혹 '노력이 부족하다', '눈이 높아져서 그렇다'라는 기성세대의 이야기는 청년세대의 노력에 대한 부정으로 이어지게 되고, 결국 자신들의 노력을 부정하는 기성세대에 대한 반감을 불러일으킨다. 이러한 이야기가 나오게 된 배경은 세대 내 사회이동의 가능성의 차이에 기인한다고 볼 수 있는데, 기성세대가 자라 온 사회는 국가와 사회가 급격하게 성장하는 시기로 일자리와 같은 취업 시장이 성장하던 시기였다. 이 시기는 개인이 노력하면 취업을 할 수 있고, 취업은 소득의 증가로 연결되는 시기였다. 하지만 청년세대가 자라온 사회는 유년기에 경제적 풍요와 IMF로 인한 부모님의 경제적 어려움을 경험한 시기였다. 또한 과도한 교육열이 불러온 입시지옥과 대학을 나오지 못하면 성공하지 못한다는 압박을 견뎌 내고 취업 시장에 뛰어들었으나 한정적인 일자리와 작아진 취업 기회로 인해서 취업하지 못하게 되면서 많은 것을 포기해야 하는 세대가 되었다. 결

행복을 키우는 공감 학습

국 청년세대들의 취업에 대한 체감 난이도가 높아짐에 따라, 자신들의 일자리를 중장년층이 독점하고 있다는 피해의식이 자리잡게 되고, 현재 자신들의 상황에 비해 과거 중장년층들의 취업 난이도는 비교적 수월했음을 연상하며 그 상대적 박탈감으로 경제적 세대 갈등을 인식하게 되었다. 한국 청소년 정책연구원의 보고에 따르면, 청년 3명 중 1명은 기성세대가 노력에 비해 더 큰 혜택을 얻고 있다고 보는 부정적인 인식이 늘어난 것으로 나타났다(한국청소년정책연구원, 2018). 마찬가지로 중장년층 또한 청년들이 취업하지 못하는 것은 개인의 노력이 부족하거나 편한 직장을 원한다고 바라보는 경우가 많다고 밝혀져, 세대 간 갈등을 심화하는 데 한몫하고 있는 것을 알 수 있다.

또한 인구 구조의 변화 역시 청년세대와 기성세대 간의 갈등을 키우는 요소로 작용하고 있다. 장년층이 증가하면 정부는 이에 대한 대책으로 그들의 일자리를 보장하려 지원 정책을 펼치지만, 이는 결국 한정된 노동시장에서 청년들의 일자리를 감소시키는 것이라고 받아들일 수 있다. 노인 자살률이 증가하고 있고, 청년 실업률 역시 증가하는 서로가 어려운 상황을 볼 때 생활환경이나 삶의 질이 나아진 세대는 존재하지 않는다는 것을 알 수 있다. 정부의 복지정책에도 불구하고 실제 삶의 질은 그다지 개선되지 않은 것이다.

세대 갈등의 원인은 위와 같은 경제적인 원인뿐만 아니라 가치관의 차이로 인해 발생하기도 한다. 한국의 성장기를 주도적으로 이끌어 왔던 중장년층들에게 형성되었던 수직적이고 권위적인 기업 문화는 기업뿐만 아니라 가정생활 내에 스며들며, 개인주의를 주된 가치관으로 지니고 있는 청년세대에게 거부감을 불러일으켰고, 결국 세대 갈등이라는 사회적인 문제로 표출될 수밖에 없었다. 청년세대와 중장년층이 겪었던 사회 구조나 모습이 다른 상황 속에서 세대 간 다르게 형성된 가치관에 대해 상대의 가치관을 인정하지 않는 모습은 사회적 가치관의 차이로 발생되는 갈등의 모습으로 나타난다. 소위 말하는 '꼰대'가 부정적인 단어가 된 것은 이와 같은 원인으로 볼 수 있는데, 기성세대가 가진 가치관을 청년세대에게 강요하게 되면서 꼰대란 말이 부정적으로 변하게 된 것이라고 볼 수 있다.

현재의 기성세대들이 지금의 청년세대의 나이와 같았을 무렵, 민주화 운동과 경제성장에 최전선에 서 있던 그들의 사회는 노력한 만큼의 보상과 정치적 성숙의 가능성이 남아 있었다. 그에 반해 현재의 청년세대들의 사회는 노력한 만큼의 보상을 얻지 못하는 사회이며, 이에 따라 청년세대들은 무기력과 좌절에 빠져있다. 그들이 살고 있는 사회가 다르기에 그들의 가치관의 차이가 발생하게 되는 것이다.

그림 1.7에서 볼 수 있듯이 대체적으로 청년세대와 노년층이 서로를 바라보는 시선은 부정적으로 나타나며, 서로 간 대화가 통하지 않는다는 이유로 서로에 대해 부정적인 인식을 가지고 있다는 것을 알 수 있다.

이러한 갈등은 가장 작은 사회인 가정에서도 심각하게 나타나고 있다. 소비에 대한 가치관을 둘러싼 갈등, 가정생활에 대한 갈등 등이 대표적인 예이다.

회사 내에서도 세대 갈등은 심각한 문제로 나타나고 있다. 회식과 야근 등이 일상이던 기성세대들과 회식도 업무의 연장이고 야근은

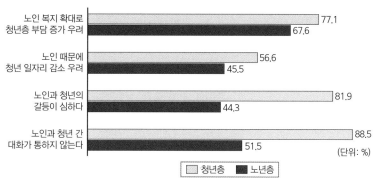

노인 복지 확대로
청년층 부담 증가 우려  77.1 / 67.6

노인 때문에
청년 일자리 감소 우려  56.6 / 45.5

노인과 청년의
갈등이 심하다  81.9 / 44.3

노인과 청년 간
대화가 통하지 않는다  88.5 / 51.5

(단위: %)

☐ 청년층  ■ 노년층

그림 1.7 세대 갈등에 대한 세대별 인식
출처: 국가인권위원회, 2018, 노인인권종합보고서

부당한 것이라고 느끼는 젊은 세대들 간의 갈등이 그것이다. 이는 회
사에 충성하고 노력하는 것이 자신이 성공하는 것이라고 느끼는 기
성세대들의 가치관과 일도 중요하지만 개인의 삶을 중시하는 '워라
밸'을 중요한 가치관으로 생각하는 청년세대들 간의 가치관 차이에
서 발생한다고 볼 수 있다.

　한국사회뿐만 아니라 세대 간 차이는 어느 시대에나 존재하는 것
이다. 앞서 언급했듯이 세대마다 경험하는 사건이나 사회적·문화적
맥락이 다르기 때문이다. 하지만 이러한 차이를 인정하고, 그 원인을
이해하지 못한다면, 생각의 차이는 차이를 넘어 갈등으로 심화되기
쉽다. 과거 사회의 주된 가치관이었던 공동체주의 가치관은 현재의
청년세대들에게 공감을 얻지 못한다. 이 시대의 젊은이들은 더는 국
가나 민족, 사회를 위해 살아가지 않는다. '우리'를 강조하는 기성세
대의 문화와 '나'를 중시하는 청년세대의 문화 사이의 차이는 서로를
이해하기 위해 반드시 넘어야 할 큰 장애물이라 할 수 있다.

세대 갈등을 부추기는 또 다른 요인으로는 정치적 요인을 들 수 있다. 현재 국회의원 대다수는 민주화 운동을 경험한 기성세대들이며, 투표율이 높은 기성세대들을 위한 정책이 선거철에 표심을 사로잡기 위해 내걸리고 있다. 이런 상황에서 자신의 좌절과 분노를 이해하지 못한다고 생각하는 청년세대 분노의 대상은 결국 기성세대들 향할 수밖에 없으며, 세대 갈등은 점차 해결할 수 없는 깊은 골로 빠져드는 상황이다. 경제 격차를 해소하기 위한 제도적인 해결책도 중요하지만, 세대 갈등을 해결하기 위해 가장 중요한 것은 서로에 대한 이해라고 볼 수 있다. 서로 다른 사회적·문화적 배경을 가진 기성세대와 청년세대 간에 상호 존중과 이해가 필요하다. 제도적인 보완책이 아무리 마련되더라도 서로에 대한 이해가 부재한다면 결국 세대 갈등의 악순환은 다음 세대, 그다음 세대까지 이어질 수밖에 없을 것이다.

세대 갈등 이외에 상호 이해의 부족으로 발생하는 갈등인 성별 갈등은 최근 인터넷 커뮤니티에서 가장 이슈화되고 있는 갈등이다. 성별 갈등은 남성과 여성의 대립 구도를 형성하고 서로에 대한 인격적인 비난을 넘어 '남혐', '여혐'의 혐오 현상으로 이어지고 있다. 당장 인터넷 창에 성별 갈등, 젠더 갈등을 검색해 보면 수많은 기사가 쏟아져 나오고 있으며, 성별 갈등에서 비롯된 다양한 사건들이 있다는 것을 알 수 있을 것이다. 특히 최근 남성과 여성의 갈등은 과거 취업 시장을 둘러싼 한정된 자원으로 인한 갈등을 넘어서 원색적이고 공격적인 비난으로 이어지고 있다.

최근 이슈가 된 사건은 대부분 타 집단에 대한 일방적인 비난과 부정적인 인식으로 발생하였다. 여성에 대한 부정적인 인식과 남성에

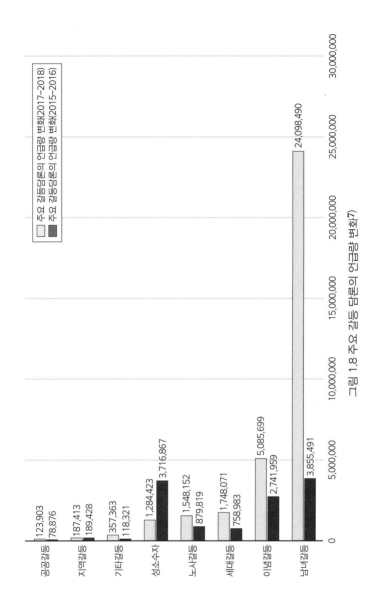

그림 1.8 주요 갈등 담론의 언급량 변화7)

대한 부정적인 인식이 격화되기 시작했으며, 수많은 억측과 과도한 주장들이 점차 성별 갈등을 서로에 대한 혐오로까지 격해지게 만든다. 사실 과거부터 남성과 여성의 갈등은 다양한 원인으로 발생하였

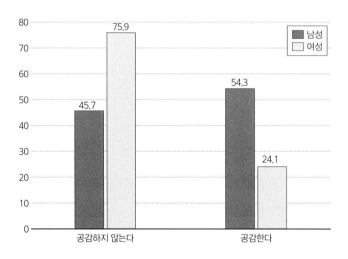

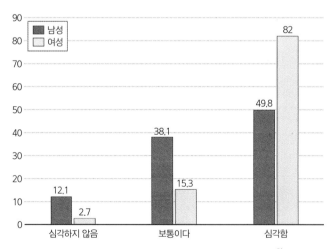

그림 1.9 성별 혐오에 대한 공감 정도와 심각성에 대한 인식8) (단위: %)

출처: 여성정책 연구원, 2015, 남성의 삶에 관한 기초연구

행복을 키우는 공감 학습

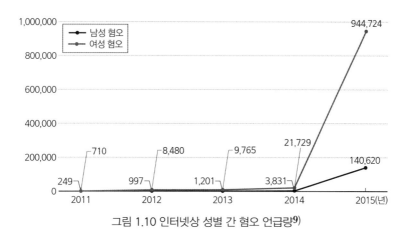

그림 1.10 인터넷상 성별 간 혐오 언급량9)

는데, 대부분 남성이 더 높은 사회적 지위를 차지하고 경제적인 기회가 더 많다는 것에서 기인하였다. 18~20세기까지 여성의 참정권과 경제활동의 기회를 보장받기 위한 수많은 노력들이 있었으며, 현대까지도 경제활동의 보장을 위한 노력은 이어지고 있다.

국내에서도 1990년대 이후, 유교적이고 공동체주의적인 가치관에서 벗어나 개인주의와 평등에 가치를 두는 민주주의 인식이 확산되고, 여성들의 경제활동 참여가 증가하면서 전통적인 가부장적 가족 형태 및 성별질서에 대한 재고의 필요성이 대두되었으며, 성 평등 관련 쟁점을 둘러싼 갈등이 첨예하게 나타나기 시작하였다. 과거 남성 우월 사회와 경제활동 기회의 불평등으로 인해 여성들의 경제권, 인권 신장을 위한 수많은 노력이 있었고, 아직은 부족하지만 긍정적인 결과를 얻은 부분도 없지 않다. 신자유주의 시대에 청년세대의 고통과 미래에 대한 불안으로 인해 이슈화되고 공론화되기 시작하면서 페미니즘이라는 단어에 대한 인식은 기피의 대상이 되었고, 부정적으로 바뀌기 시작하였다. 또한 최근에는 여성의 권리 신장을 넘어서 역차별이라는 단어가 이슈화되고 있는데, 이는 다양한 정책 등으로 인해 오히려 청년 남성들이 피해를 보고 있다는 생각에서 기인한다고 볼 수 있다. 특히 취업 시장이 적어지고 취업 난이도가 높아지면서 군가산점제 부활에 대한 요구와 같은 취업 시장에서의 불만들이 터져 나오는 상황이다. 이런 상황은 남성의 여성에 대한 분노를 불러일으켰으며, 서로에 대한 공격적이고 무차별적인 혐오로 이어지고 있다.

남녀의 차이와 평등을 둘러싼 논쟁들로 성별 갈등은 증폭되어 왔으며, 이는 개인 간의 갈등을 넘어 노동시장에서의 불평등, 성차별적인 정책수립 과정에서 수많은 갈등 양상을 띠고 있다. 성별 갈등은 두 집단(남성과 여성) 간의 한정적인 자원에 대한 경쟁에서 가장 첨예하게 나타난다. 또한 가부장적인 가족구조가 남아 있는 가족 내에서도 자주 나타난다. 경제적인 성역할에 대한 인식과 여성에 대한 고용이 증

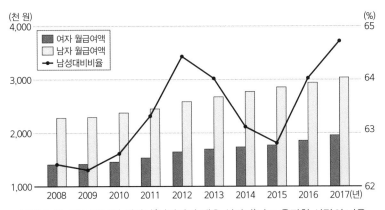

그림 1.11 성별 갈등이 심하다(심하다와 매우 심하다)라고 응답한 사람의 비율
출처: 사회통합실태조사 2013~2018년(단위: %)

행복을 키우는 공감 학습

가했음에도 불구하고 가족 내에서 여성의 역할에 대해서는 아직 차별적인 요소가 남아 있기에 성별 갈등 역시 주목해야 하는 갈등 양상 중 하나라고 볼 수 있다.

그림 1.12에서 알 수 있듯이 임금구조 역시 아직 남성대비 여성의 임금비율이 65%에 미치지 못하고 있으며, 이러한 수치로 우리나라는 OECD 국가 중 성별 간 임금 차이가 심한 국가에 속한다. 특히 10대부터 30대 중반의 여성들은 지난 십여 년 동안 노동시장의 주된 약자로 살아 왔다(신경아, 2016). IMF와 금융위기를 겪으면서 정부의 일자리 정책에 따라 여성고용이 활성화되었지만, 이는 사회서비스 부문으로의 한정된 고용으로만 이어졌다. 그 결과 중간 임금계층이 확대되었지만, 여성과 남성의 임금격차는 변화하지 않았다. 이러한 임금격차의 주된 원인으로 여성의 대다수가 저임금 직종에 고용되어 있다는 것을 들 수 있다. 즉, 여성의 고용률이 올라간 것은 양적인 성장을 이뤘다고 볼 수 있지만, 남성과 여성의 비정규직 비율을 살펴보

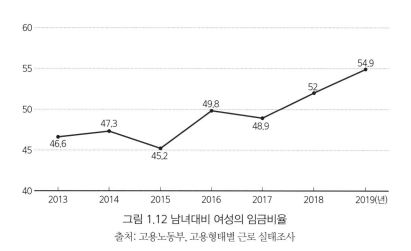

그림 1.12 남녀대비 여성의 임금비율

출처: 고용노동부, 고용형태별 근로 실태조사

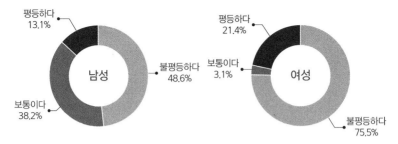

그림. 1.13 직장 및 취업문화 양성평등인식[10])

면 질적인 성장은 이뤄졌다고 볼 수 없다.

임금격차뿐만 아니라 여성의 경우 결혼이나 출산을 이유로 퇴직을 권유받거나 강요받는 것이 또 다른 불평등의 요인으로 나타나고 있으며, 남성의 경우 반대로 남자는 당연하다고 생각하는 야근문화를 가장 큰 불평등의 요인으로 보았다. 한국사회에서 뿌리내린 성역할은 남성과 여성을 구분하는 개념으로 인해 발생한다. 성역할은 어린 시절 교육이나 미디어의 영향으로 생기기도 하지만 다양한 맥락에서 형성된 한국사회에서의 여성과 남성의 성역할 인식으로 만들어진다고 볼 수 있다. 여성은 가부장제의 사회에서 가정주부라는 역할을 가지고 있다가 여성들의 경제활동이 증가하기 시작하면서 직장 내에서 지위를 획득하게 되었다.

이처럼 한국사회에서 성별 갈등은 경제발전과 다양한 정치적·사회적 맥락에서 형성된 성역할과 이성에 대한 가치관으로 인해서 발생한다. 성별 갈등이 문제가 되는 것은 성별 갈등이 혐오로 발전할 가능성이 가장 크기 때문이다. 남성과 여성이 느끼는 남성과 여성 간의 차이는 극명하기 때문에 이를 받아들이지 못한다면 갈등 양상으로 전개될 것이며 갈등을 넘어서 혐오로 번질 수밖에 없을 것이다.

여성가족부는 최근 『유쾌한 변화, 성평등』이라는 가이드북을 제작, 배포하였다. 가이드북에서 성 평등은 남성과 여성의 차이를 인정하고 차별이 일어나지 않도록 하는 것이라 말하며 이에 대한 지속적인 관심이 필요하다고 설명한다. 성 평등에 대한 인식이나 여성의 삶의 질은 예전보다 상승했지만 아직 가정이나 사회 전반적인 측면에서 차별적인 요소가 존재하기 때문에 성 평등의 인식이 확산될 필요가 있다고 말한다. 다른 성별에 대한 서로의 이해 결여는 성별 갈등을 야기한다. 성별 갈등이 가장 큰 문제인 것은 갈등의 긍정적인 기능이 작용하기 어려운 갈등 구조를 형성하고 있기 때문이다. 갈등의 긍정적인 기능은 서로 협의와 토론이나 논쟁을 통해서 더 나은 사회로 나아갈 수 있는 방향을 제시해 줄 수 있다는 것인데, 성별 갈등은 남성과 여성 내에서도 극단으로 나뉘는 결과로 이어졌으며, 서로 간의 목소리를 다르게만 내는 상황에서 갈등이 긍정적으로 기능하기를 기대하는 것은 무리가 있다. 서로에 대한 이해를 위한 노력조차 하지 않는 상황에서 성별 갈등은 아마 성 인식이 개선된 사회에서도 깊게 남아 있을 것이며, 그 갈등의 골 또한 깊어질 수밖에 없을 것이다.

## 3. 갈등과 사회적 공감

갈등을 연구한 많은 학자는 사회에서 갈등은 언제나 발생할 수 있으며, 사회가 발전하고 성장하는 요인 중 하나로 보고 있다. 즉 갈등의 발생은 새로운 사회로 나아가는 하나의 과정이라고도 볼 수 있다.

어릴 적 친구와 싸우고 나면 항상 부모님이나 선생님이 '왜 싸웠니'라고 물어 온다. 친구와 싸우고 난 후 친구와 더 친해지거나 '다음부터는 싸우지 말아야지' 혹은 '그러지 말아야지'라며 싸움의 원인에 대해 생각해 보는 것처럼 갈등이 사회에서 긍정적인 기능을 하기 위해서는 왜 갈등이 발생하는지 원인을 파악하는 것도 중요하다.

한국사회의 많은 문제는 급격한 사회변동으로 인한 압축적인 성장과 가치관의 차이로 인한 동시대의 비동시성으로 인해 발생하는 경우가 대부분이라고 볼 수 있다.

근현대사에서 한국사회에 큰 영향을 끼친 두 가지 사건을 찾아볼 수 있다. 먼저 일제강점기를 겪은 직후 발생한 한국전쟁은 한국의 근현대사에서 엄청난 영향을 준 사건이다. 이후에도 한국사회는 민주화운동, IMF 등의 굵직한 사건을 겪으면서 이를 극복하기 위해 끊임없이 뭉쳤고 이러한 집단의식을 통해 역사적인 사건을 극복할 수 있었다. 이러한 교훈은 현대사회에 접어들어서도 집단의식을 강조하는 결과를 야기하였다. 집단의식에 대한 강조는 긍정적인 영향을 미치기도 했지만, 부정적인 영향을 미쳤다는 것을 간과하기 어려울 것이다. 역사적인 배경에서 형성된 가치관이나 의식구조는 다른 원인에 비해서 더 뿌리 깊은 인식이나 가치관을 가져온다. 물론 이렇게 형성된 가치관과 인식의 영향이 다른 원인보다 약해지고 있는 것은 사실이지만 한국인의 마음 깊이 내재된 역사적으로 형성된 가치관과 인식구조는 갈등의 소지를 항상 가져올 수 있다.

또한 한국사회의 급격한 현대화는 다양한 사회 문제를 일으킨 주요한 원인이었다. 급격한 현대화는 경제성장과 급격한 민주주의 사회로의 진입으로 볼 수 있다. 빠른 시간 내에 경제성장을 이룩하고자 효율성을 강조하면서 거점 중심의 개발, 대기업 위주의 경제정책 등을 실시하면서 계층 갈등을 조장하였을 뿐만 아니라 효율성을 추구하면서 수직적인 관계의 가치관을 형성하게 되었다. 이는 수평적인 관계의 가치관을 가지고 있는 청년세대와 이전의 가치관을 가지고 있는 기성세대 간의 세대 갈등의 원인이 되기도 하였다. 경제구조로 형성된 갈등은 신자유주의가 가지고 있는 문제점이라고도 할 수 있다. 한정된 자원을 두고 끊임없이 경쟁하는 구도를 만드는 신자유주의 경제구조는 결국 경쟁하는 개인이나 집단을 형성한다. 자원을 두고 경쟁하는 갈등 양상은 가장 심화되어 나타나거나 가장 직시적인 현상을 보여 준다. 한국사회는 성장을 위해서 신자유주의적인 경제요소를 강조하고, 자원을 둘러싼 치열한 경쟁구도를 형성하였다. 이런 경제구조는 경제적인 계층을 형성하는 가장 큰 원인이라고 볼 수 있는데, 경쟁을 통한 성장은 학력지상주의를 만연하게 만들었으며, 승자가 아니면 이룰 수 없다는 경쟁 심리를 더욱 부추기게 되었다. 또한 경쟁에서 뒤처질 때 오는 박탈감을 더 크게 만들었다.

또한 경제성장기에 발생한 부동산 위주의 도시개발 정책은 부동산 투기와 같은 부정적인 영향을 가져왔으며 이는 결국 현대에 이르러서 자산의 격차가 심각하게 되는 계기가 되었고, 계층 간의 갈등을 심화시키는 요인으로 작용하게 되었다.

이렇게 집단 간에 상이하게 형성된 가치관의 차이는 갈등 발생의 근본적인 원인이 되고 있다. 즉 세대 갈등, 성별 갈등, 계층 갈등 등은 형성된 맥락이나 배경은 다르지만, 집단 간 상이하게 형성된 가치관의 차이로 발생한다. 가치관의 차이를 인정하지 않고 다른 가치관을 가진 개인이나 집단을 부정적인 시선으로 바라보거나 다른 가치관을 부정적으로 인식할 때 갈등은 부정적 양상으로 전개되기 시작한다. 상대를 부정적인 인식으로 바라보고, 이것이 편 가르기, 몰이 등 외부적으로 표출되면 갈등 양상은 보다 폭력적이고 치열하게 전개된다. 앞서 살펴본 한국사회의 갈등 양상은 모두 이러한 가치관의 차이가 외부로 표출되면서 전개된 것이다. 이는 국민 간 화합을 어렵게 만들고 사회 발전에 악영향을 끼칠 수밖에 없다. 또한 한국사회에서 갈등의 양상은 서로가 피해자인 상황에서 상대방에게 모든 책임을 전가하는 부정적인 방향으로 전개되고 있다. 구조, 제도, 역사적 사건, 사회환경 등에서 기인한 상황을 자신과 다른 집단에게 원인을 돌려버리는 것은 해결할 수 없는 서로 간의 벽을 만들어버리는 부정적인 결과를 초래할 수 있다.

그림 1.14를 보면 현재 한국사회 갈등의 원인을 잘 알 수 있다. 즉 기존에 갈등의 주요 원인으로 꼽혔던 빈부격차가 원인이라는 응답자의 비율은 2013년 28.2%에서 2019년 18.3%로 크게 줄어들었다. 반면에 개인 또는 집단 간 상호 이해 부족이라는 항목의 응답자는 21.2%에서 27.6%로 증가하였다. 즉 상대방 또는 상대 집단에 대한 공감 부재가 현재 한국사회의 주요 갈등 원인인 것이다.

이러한 공감 부재의 모습은 한국사회에서 갈등이 혐오로까지 번지는 가장 큰 이유가 되기도 한다. 즉 가치관의 차이를 공감하지 못하는 행동은 갈등의 골을 더 깊게 만들 뿐만 아니라 두 집단이나 개인 사이에 해결할 수 없는 깊은 골을 만들고, 보이지 않는 벽을 만들게 되는

행복을 키우는 공감 학습

것이다.

다른 사람에게 공감할 수 있는 능력은 우리 사회의 많은 문제점을 개선하고 더 나은 사회로 나아갈 수 있는 해결책을 제시할 수 있는 열쇠다. 공감은 개인적 차원에서 사람 사이의 관계 형성을 원활하게 하거나 갈등을 해소하는 등의 긍정적인 역할을 수행할 뿐 아니라 집단 간 갈등의 해결을 위해서도 중요한 역할을 한다. 집단 간 갈등 해결을 위한 공감을 '사회적 공감(Social Empathy)'이라고 한다. 사회적 공감은 우리가 흔히 말하는 공감과는 여러모로 다르다. 엘리자베스 시걸(Elizabeth Segal)의 구분법에 따르면 우리가 흔히 사용하는 의미의 공감은 엄밀히 말하면 대인적 공감(Interpersonal Empathy), 즉 사람 사이의 관계에서 일어나는 사람을 대상으로 한 공감이다. 대인적 공감의 정의는 학자마다 다양하지만, 보편적으로 '다른 사람이 느끼고 있는 감정에 대한 인지적 이해와 정서적 반응'의 개념을 포함한다. 예를 들어, 직장 상사에게 창피를 당한 동료가 지금 속이 많이 상해 있다는 것을 이해하는 과정이 바로 공감이다. 이러한 능력이 부족하여 다른 사람의 마음에 둔감하고 눈치가 없는 사람을 우리는 공감 능력이 부족한 사람이라고 부른다. 대인적 공감은 사회적인 합의를 촉진하고 개인적인 인간관계를 원만히 유지하는 데 필수적인 요소이다. 지금까지 방대한 연구가 높은 대인적 공감 능력은 이타적인 행동이나 친사회적 행동 등의 사회적인 미덕으로 연결되며, 낮은 공감 능력은 폭행이나 성범죄 등 부정적인 행동양식으로 이어진다는 것을 밝혀 냈다. 이처럼 대인적 공감은 사람들이 살아가는 사회를 더 나은 곳으로 만들 수 있는 핵심적인 인간 본성으로 이해되어 왔다.

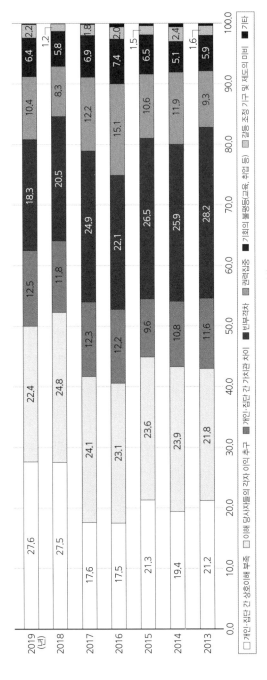

그림 1.14 한국사회 내 갈등의 원인[11] (단위: %)

범례: 개인·집단 간 상호이해 부족 / 이해 당사자들의 각자 이익 추구 / 개인·집단 간 가치관 차이 / 반부패처 / 권력집중 / 기회의 불평등(교육, 취업 등) / 갈등 조정 기구 및 제도의 미비 / 기타

행복을 키우는 공감 학습

사회적 공감은 이에 더하여 '맥락적 이해'와 '거시적인 조망 수용'을 포함한다. '맥락적 이해'는 사회의 사회적, 정치적, 경제적 체계로 구축된 타인의 역사적 노출 등으로 인해 형성된 사회적인 맥락에 대한 이해라고 할 수 있다. 이러한 맥락적 이해를 통해 형성된 사회적 공감은 타인의 상황을 올바르게 이해하고 공감함으로써 타인에 대한 이해를 향상시키며 사회적 갈등을 해결하는 하나의 대안이 될 것이다. 맥락적 이해는 다른 사람이 살아왔고 또 살아가고 있는 삶 그 자체의 맥락과 그로 인해 크고 작은 제약들을 이해할 수 있게 하는 능력으로서, 맥락적 이해가 없을 때의 공감은 많은 부분 제한적으로 작동한다.

사회적 공감의 또 다른 요소인 '거시적 조망점 수용'은 내가 속한 집단의 상황과 나와는 다른 계층의 상황을 모두 포함하는 더 큰 관점에서 세상을 보는 것이다. 타인의 삶과 환경을 이해해도 어떤 방식으로 세상을 바라보는지를 상상하지 않는다면 큰 성과가 없을 것이다. 맥락적 이해와 거시적 관점 취하기가 동반된 사회적 공감은 자기와 비슷한 사람들에게 선택적으로 작용하는 대인적 공감의 한계를 넘어, 나와 다른 집단과 계층을 향한 사회적 공감을 형성한다. 시걸은 이렇듯 대인적 공감과 맥락적 이해, 그리고 거시적 조망수용의 조화로 이루어진 심리 기질을 사회적 공감이라고 개념화하였다. 사회적 공감은 '사람들의 생애 환경을 인지하거나 경험하는 것을 통해 그 사람들을 이해하고, 그 결과로써 구조적인 불평등과 차별에 대한 통찰력을 얻을 수 있는 능력'으로 정의된다. 복잡한 문장이지만 이를 해석해 보면 결국 다른 사람들이 처한 힘든 상황을 인지하며, 그 힘든 상황이 그들의 잘못이 아니라 사회 구조 때문일 수 있음을 이해할 수 있는 능력으로 풀이된다. 이러한 사회적 공감은 시걸의 모형에 따르면 사회의 불평등을 해소할 수 있는 열쇠이며, 최근에는 사회 갈등을 해소하고 사회 전반적인 신뢰를 형성할 수 있는 핵심 기질로써 연구되고 있다.

시걸은 대인적 공감과 맥락적 이해, 그리고 거시적 조망수용이 서로 조화를 이루며 작용할 때 사회 정의가 실현될 수 있다고 주장하였다.[12] 그림 1.15는 사회적 공감의 도식을 시각화한 것이다. 무엇이 먼저이고 무엇이 나중인지 구체적이고 명확한 선후 관계는 아직 밝혀진 바 없지만, 그럼에도 서로 독립적이고 구별되는 별개의 개념으로써 대인적 공감과 맥락적 이해, 그리고 거시적 조망수용이 상호작용하며 사회적 공감을 형성하고 이것이 결국 사회 정의 실현에 기여한다는 것이다. 즉, 사회적 공감을 통해 우리는 약자를 멸시하고 피해자를 비난하며 사회적으로 존재하는 불평등과 차별에 대해 무감각하거나 무지한 상태를 벗어나 보편적 복지를 추구하고 사회를 개선하기 위한 노력을 추구하게 된다는 것이다.

요약하자면, 우리는 나와 다른 사람들에 대한 이해와 소통을 통해 갈등을 해결할 수 있다. 그런데 그러한 이해와 소통의 중심에는 사회적 공감이 있다. 이런 점에서 사회적 공감은 갈등을 해결하고 사회 통합에 기여할 수 있는 것이다. 지금 우리 사회는 경제적 계층뿐만 아니라 정치적 이념에 따라, 지역적 배경에 따라, 세대와 성별에 따라 나뉘어 첨예한 갈등을 벌이고 있다. 나와 다른 사람을 매도하는 수많은 혐오 표현들이 등장하여 상대방을 상처 입히는 데 활용되고 있는 현

행복을 키우는 공감 학습

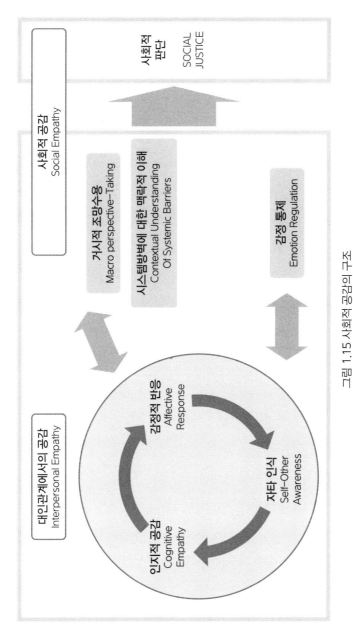

그림 1.15 사회적 공감의 구조

출처: 장원호, 2019에서 발췌 및 일부 재정리

상은 우리 사회가 이제 상호 갈등의 사회가 아니라 상호 혐오의 사회로 악화되어 가는 것을 보여 준다. 이런 시급한 사회문제를 해결하기 위한 첩경이 바로 사회적 공감의 향상이다. 이를 위해 사회적 공감의 본질은 무엇인지, 이를 통해 무엇을 성취할 수 있는지, 또 어떻게 이를 함양할 수 있을지에 대한 탐구가 절실히 필요하다.

# 제2장. 공감과 신뢰

　앞 장에서 살펴보았듯이 한국사회에서 세대 갈등, 성별 갈등의 원인은 서로에 대한 이해의 부족에서 발생한다고 볼 수 있다. 상대방이 겪어 온 환경이나 가치관 등 상황을 이해하지 못하는 공감 부재의 사회는 결국 갈등 양상으로 전개되며, 지금 우리 사회는 혐오의 사회로 번지게 되었다. 갈등 양상의 골이 깊어져 상대에 대한 분노와 혐오로 표출되면 갈등의 부정적인 양상이 나타나며 사회발전을 저해하는 요인으로 작용하게 된다. 앞 장에서는 이러한 갈등의 해결 방안으로 사회적 공감을 제시하였고, 이 장에서는 공감 부재의 원인에 대해 한국사회의 불신적 상황을 중심으로 살펴보겠다.

## 1. 공감과 신뢰의 관계

공감은 사회적 상호작용을 형성하고 협동을 촉진한다는 측면에서 신뢰와 비슷한 개념이라고 할 수 있다. 신뢰는 사회적 상호작용과 사회적 연결망의 근원이며 사회 내 협동을 촉진하는 데 가장 필수적인 요소로 여겨져 왔다. 즉 신뢰와 공감은 사회적 관계없이 형성되지 않는다는 공통점을 가지고 있다. 공감은 심리학에서 주로 연구되고, 신뢰는 사회학에서 주로 연구되고 있다. 신뢰는 사회학 분야에서 1980년대까지는 심리적 특성으로 논의되었지만, 그 이후 사회적 영향이 신뢰에 미치는 영향을 분석하기 시작하면서 현재의 사회적 신뢰 논의가 이어졌다. 심리학자들 또한 사회적 맥락과 문화적 배태성은 공감을 형성하는 데 중요한 역할을 한다며 공감의 사회적 특성에 대해 동의하고 있다. 독일의 사회학자 게오르그 짐멜(2013[1907])은 "개인들 간의 일반적 신뢰가 없으면 사회는 붕괴된다."는 말로 신뢰의 중요성을 강조했고, 니클라스 루만(1982) 역시 신뢰는 사회의 안정을 위한 전제 조건이라 말한 바 있다. 공감에 관한 연구들 역시 대개 공감이 가져오는 사회적 이로움에 주목했다.

공감도 신뢰와 마찬가지로 사회적 상호작용을 유연하게 하며 사회적 합의를 촉진하는 기제가 된다. 이런 이유로 공감은 개인의 이타성이나 친사회적 행동을 연구하는 데 꾸준히 주목을 받고 있다. 사회적 맥락과 문화적 배태성이 공감과 신뢰를 형성하는 요인으로 작용한다고 볼 수 있다. 공감을 연구하는 엘리자베스 시걸은 '사회적 공감'이라는 용어를 통해 거시적 관점 수용과 맥락적 이해가 사회적 공감

행복을 키우는 공감 학습

을 형성하는 데 가장 중요하다고 주장한다. 사회학에서 개인적인 신뢰가 사회적 신뢰로 이어지는 과정에서 신뢰의 거시적 맥락에 주목한 것처럼 사회적 공감에서도 대인 간의 공감이 사회적 확장성을 가진다는 가정에 기반하고 있다고 볼 수 있다. 즉 공감과 신뢰는 관계를 발판 삼아 확장되고 사회적 특성을 가진다는 점에서 공통점을 가지고 있다고 할 수 있다. 공감과 신뢰가 가지고 있는 내재적인 관계적 특성, 합리성으로 설명되지 못하는 부분, 심리적 특성과 사회적 영향의 총합이라는 세 가지 관계를 통해 두 개념이 밀접하게 맞닿아 있는 것을 알 수 있다.

2021년 서울시립대학교 글로컬문화·공감사회연구센터에서는 '한국사회 사회 인식' 설문조사를 실시하였는데, 해당 조사는 공감과 신뢰를 측정할 수 있는 다양한 설문들을 포함하고 있어 두 개념을 비교 분석하는 데 가장 적절한 데이터이다. 설문조사는 온라인으로 진행되었으며 15~69세까지 한국인 총 1,219명을 대상으로 조사를 진행하였다.

조사 자료를 바탕으로 한 분석은 필자와 이수민이 최근 국제학술지에 발표한 논문(Lee and Jang, 2021)에 제시되어 있는데, 이 분석에서 우리가 주목하고자 하는 두 가지 변수는 대인 간 공감과 신뢰 범위(Trust Radius)이다. 대인 간 공감을 측정하기 위해 우리는 엘리자베스 시걸과 그녀의 동료들이 2013년 고안한 열 가지의 문항을 사용하였다. 열 가지의 설문 문항은 표 1.2와 같다. 각각의 설문 문항은 '전혀 그렇지 않다'에서 '매우 그렇다'까지 5점 척도를 가진 변수이며, 열 문항 점수의 합산을 통해 총 대인 간 공감 값을 계산하였다.

표 1.2 대인 공감 설문 문항

| 설문번호 | 설문 문항 |
|---|---|
| ie01 | 나는 나의 견해와 타인의 견해를 동시에 고려할 수 있다. |
| ie02 | 나는 타인의 감정을 잘 이해한다. |
| ie03 | 나는 어떤 사람이 강한 감정을 느끼고 있을 때 그 사람의 감정이 무엇인지 정확하게 알 수 있다. |
| ie04 | 나는 내 자신의 감정과 타인의 감정 간의 차이를 구분할 수 있다. |
| ie05 | 나는 다른 사람들이 나를 어떻게 생각하는지 알고 있다. |
| ie06 | 나는 타인의 감정을 잘 알아차린다. |
| ie07 | 나는 내가 현재 느끼고 있는 감정을 타인에게 설명할 수 있다. |
| ie08 | 나는 누군가 선물을 받고 행복해하는 모습을 보면, 나 또한 행복해진다. |
| ie09 | 나는 슬픈 소식을 접한 사람과 함께 있을 때, 나도 잠시 슬픔을 느낀다. |
| ie10 | 나는 웃음소리를 들으면 미소를 짓게 된다. |

　　신뢰 범위는 임채윤과 그의 동료들이 2021년 고안한 방식으로 측정하였다(Chaeyoon Lim et al., 2021). 신뢰 범위는 쉽게 말해 한 개인이 사회 전체 집단에 대해 얼마만큼의 신뢰도를 가지고 있는지를 확인하는 것이다. 이의 측정 방식을 두고 사회학계 내에서 방법론에 대한 의미 있는 논의들이 오고 갔는데, 그중 임채윤과 동료들이 선택한 방식은 개인적 수준에서 신뢰 범위를 측정할 수 있다는 강점이 있다. 임채윤과 그의 동료들은 신뢰 범위를 측정하기 위해 다음과 같은 방식을 선택하였다. 첫째, 설문에서 각 사회 집단(가족, 친척, 친구, 직장 동료, 모르는 사람) 등에 대해 4점 척도로 신뢰도를 물었을 때, 각 집단이 가질 수 있는 최대치는 4점이다. 그러나 이보다 높은 값인 5점을 자기 자신에 대한 가상의 신뢰 점수로 부여한다. 그런 후 자기 자신에 대한 신뢰 점수부터 가장 가까운 집단(가족)부터 가장 먼 집단(모르는 사람)까지 차례로 함수의 x축에 나열한 뒤 그 신뢰 점수를

바탕으로 기울기를 측정하고 이를 신뢰 범위 점수로 삼는다. 즉 가파른 기울기를 가진 개인은 낮은 신뢰 범위 점수를, 완만한 기울기를 가진 사람은 높은 신뢰 범위 점수를 가지고 있다고 해석할 수 있다.

이와 같이 대인 공감과 신뢰 범위를 측정하는 도구들을 마련한 뒤 '한국사회 사회 인식' 조사를 통해 대인 간 공감과 신뢰 범위의 상관관계를 확인하였다. 그 결과 신뢰 범위와 대인 공감은 아주 높은 상관관계를 보이는 것으로 나타났다(표 1.3). 더욱이 놀라운 것은 신뢰 범위는 단순 대인 공감 총합과 통계적 상관관계를 지니는 것이 아니라 대인 공감을 구성하는 각각의 요소들과도 모두 통계적 상관성을 가지고 있는 것으로 나타났다. 이를 통해 우리는 공감과 신뢰가 경험적으로도 아주 깊게 연관되어 있음을 확인할 수 있다.

타인을 신뢰하는 것은 사회 안에서 살아가는 데 편안함을 가져오고, 정서적 지지를 얻게 된다. 이것을 사회적으로 확장한다면 경제력 이외에도 개인의 삶의 만족도나 행복에도 큰 영향을 준다는 것임을 알 수 있다. 앞 장에서 제시한 UN의 행복보고서에서도 역시 행복도를 측정하기 위한 지표로 사회적 지원을 중요한 변수로 보고 있다. 사회적 지원이나 사회적 관계라고 표현할 수 있는 사회자본은 대인관계에서 형성된 정체성이나 신뢰와 협력 등이라고 할 수 있으며, 사회 내에서 효과적인 기능을 통해 경제자본과 더불어 사회발전이나 사회 안정에 중요한 요인이 되는 개념이라고 할 수 있다. 과거부터 많은 사회학자가 사회자본의 개념이나 중요성에 대해 언급하고 있는 만큼 사회자본은 사회를 구성하는 중요한 요소 중 하나라고 할 수 있다. 특히 신뢰는 상대에 대한 믿음과 상호 간의 도움이나 협력을 가능하게

표 1.3 대인 공감과 신뢰 범위의 상관관계

| | TR | IE | ie01 | ie02 | ie03 | ie04 | ie05 | ie06 | ie07 | ie08 | ie09 | ie10 |
|---|---|---|---|---|---|---|---|---|---|---|---|---|
| TR | 1.00 | | | | | | | | | | | |
| IE | 0.19*** | 1.00 | | | | | | | | | | |
| ie01 | 0.10*** | 0.63*** | 1.00 | | | | | | | | | |
| ie02 | 0.15*** | 0.68*** | 0.39*** | 1.00 | | | | | | | | |
| ie03 | 0.12*** | 0.67*** | 0.38*** | 0.41*** | 1.00 | | | | | | | |
| ie04 | 0.12*** | 0.72*** | 0.44*** | 0.46*** | 0.45*** | 1.00 | | | | | | |
| ie05 | 0.14*** | 0.60*** | 0.27*** | 0.32*** | 0.42*** | 0.40*** | 1.00 | | | | | |
| ie06 | 0.11*** | 0.72*** | 0.39*** | 0.53*** | 0.49*** | 0.48*** | 0.43*** | 1.00 | | | | |
| ie07 | 0.11*** | 0.64*** | 0.40*** | 0.39*** | 0.38*** | 0.45*** | 0.35*** | 0.35*** | 1.00 | | | |
| ie08 | 0.11*** | 0.67*** | 0.35*** | 0.35*** | 0.36*** | 0.40*** | 0.22*** | 0.36*** | 0.33*** | 1.00 | | |
| ie09 | 0.11*** | 0.62*** | 0.32*** | 0.31*** | 0.26*** | 0.33*** | 0.22*** | 0.32*** | 0.26*** | 0.54*** | 1.00 | |
| ie10 | 0.18*** | 0.64*** | 0.26*** | 0.31*** | 0.29*** | 0.36*** | 0.29*** | 0.33*** | 0.32*** | 0.49*** | 0.50*** | 1.00 |

*: $p<.1$, **: $p<.05$, ***: $p<.01$

행복을 키우는 공감 학습

하는 요소로 사회자본을 이루는 가장 중요한 요인이다. 이런 신뢰를 통해 우리는 어려울 때나 힘든 일이 있을 때 이웃이나 주변에 도움을 청하는 환경을 조성하게 되는 것이다. 하지만 한국의 신뢰도는 아래의 그래프와 같이 낮은 수준을 보이고 있다. 특히 일반인에 대한 신뢰도는 40%에도 미치지 못하고 있다.

또한 다른 국가들과 비교해 볼 때도 낮은 신뢰도를 보이는 것을 알 수 있다. 그림 1.16은 세계 가치관 조사에서의 신뢰도 국제비교를 보여 주고 있는데, 신뢰도 점수는 타인에 대한 신뢰와 힘들 때 믿고 의지할 타인의 존재를 물어보는 항목으로 구성되었다. 그림에서 알 수 있듯이 우리 사회는 타인에 대한 신뢰가 부족하고 자신이 힘들 때 믿고 의지할 타인이 적다는 결과를 보이고 있어 사회자본이 낮은 국가로 나타난다. 우리보다 신뢰도가 압도적으로 높게 나타나는 스웨덴의 경우 행복도나 삶의 만족도 역시 우리나라보다 훨씬 높은 순위를 기록하고 있는 것을 볼 때 타인을 신뢰하는 것은 사회 안에서 살아가

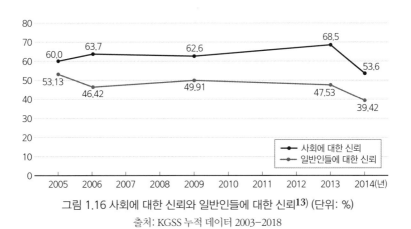

그림 1.16 사회에 대한 신뢰와 일반인들에 대한 신뢰[13] (단위: %)
출처: KGSS 누적 데이터 2003-2018

는 데 편안함을 가져오고, 정서적 지지를 얻으며 경제력 이외에도 개인의 삶의 만족도나 행복에도 큰 영향을 준다는 것임을 알 수 있다.

신뢰를 기반으로 한 의사소통과 사회적 상호작용은 사회자본의 형성과 공감의 기반이 된다. 신뢰란 말 그대로 상대에 대한 믿음을 뜻하며 이 믿음은 상호 간의 도움과 사회적 상호작용에 필수적인 역할을 한다. 신뢰가 없으면 타인에 대한 이해에 필요한 의사소통과 사회적 관계 형성이 어렵게 되며 이는 공감이 형성되는 데 방해요소가 된다. 결국, 신뢰가 부족한 한국사회는 공감이 형성되기 어려운 상황이다.

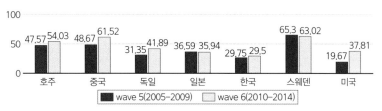

그림 1.17 WVS 대인신뢰도 wave 5, wave 6 비교[14] (단위: %)

표 1.4 '대부분의 사람은 믿을 수 있다'에 동의한 국민 비율(단위: %)

|  | 1981~ 1988 | 1989~ 1993 | 1994~ 1998 | 1999~ 2004 | 2005~ 2009 | 2010~ 2014 |
|---|---|---|---|---|---|---|
| 한국 | 38 | 34 | 30 | 27 | 28 | 27 |
| 일본 | 41 | 42 | 42 | 43 | 39 | 39 |
| 중국 | – | 60 | 52 | 55 | 53 | 63 |
| 홍콩 | – | – | – | – | 41 | 48 |
| 미국 | 43 | 52 | 36 | 36 | 39 | 35 |
| 이탈리아 | 25 | 34 | – | 33 | 30 | – |
| 독일 | 31 | 35 | – | 35 | 39 | 45 |
| 스웨덴 | 57 | 66 | 60 | 66 | 69 | 62 |
| 노르웨이 | 61 | 65 | 65 | – | 74 | – |
| 핀란드 | 57 | 63 | 49 | 58 | 62 | – |

출처: 김희삼, 2018

행복을 키우는 공감 학습

우리 사회에서 갈등이 발생하는 가장 큰 이유인 타인과의 이해 및 소통 부재는 결국 의사소통과 사회적 관계 형성을 단절시키는 신뢰의 부족에서 그 이유를 찾을 수 있을 것이다.

## 2. 한국사회 저신뢰의 원인

그렇다면 우리 사회는 왜 남에 대한 신뢰가 비교적 낮게 나타날까에 대한 이해가 필요하다. 신뢰의 부족과 불신은 제도나 정부, 사회 전반에 거친 불신과 다른 타인에 대한 불신으로 나눠 볼 수 있다. 사회에 대한 불신은 규칙의 모호성과 원칙 적용의 임의성에서 생겨난다. 명확하지 않은 규칙과 상황에 따라 다른 원칙이 적용되는 상황은 사람들로 하여금 자신의 행동이 불러올 결과에 대해 쉽사리 예측할 수 없게 만든다. 전래동화에 나오는 권선징악이나 열심히 일한 사람은 복을 받는다는 이야기는 노력에 대한 보상, 규칙을 어기는 것에 대한 처벌 등이 명확한 사회에 대한 신뢰가 높은 사회를 이야기한다. 하지만 그림 1.18과 같이 경제적 분배, 사회적 분배가 공정하지 않다고 느끼는 사람의 비율이 높게 나타나는 것은 결국 노력에 대한 보상이나 사회적 지원이 부족하다고 느끼는 사람이 많다는 것으로 볼 수 있다. 또한 최근 주식이나 부동산, 가상화폐 열풍과 같이 노력에 대한 보상보다는 일확천금을 노리는 사람들이 증가하고 있다는 것은 노력으로 얻는 보상보다 운과 같이 불확실한 수단에 투자하는 것이 좀 더 많은 돈을 벌 수 있고, 좀 더 높은 계층으로 올라갈 수 있다는 사회적 인식 때문이라고 할 수 있다.

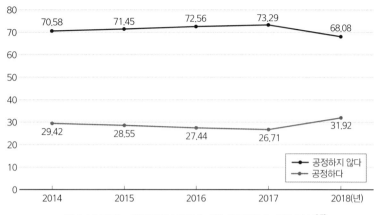

그림 1.18 경제·사회적인 분배에 대한 공정성에 대한 인식[15]
출처: 한국 행정 연구원 사회통합실태조사 2013-2018년(단위: %)

또한 한국 사람들은 자신과 가까운 사람들을 믿는 정도에 비해 나와 관계없는 사람들을 믿는 정도가 다른 나라들보다 매우 낮다 (Delhey et al., 2011). 이런 낮은 신뢰 반경의의 원인은 한국의 집단주의 성향에서 그 이유를 먼저 찾아 볼 수 있다. 유교적 가치관을 가진 국가들에서는 사회를 이루는 가장 최소 집단인 가족을 중시하는 유교의 특징으로 인해 모든 판단과 행위의 기준이 가족의 안녕을 근거로 도출되는 성향이 공통적으로 나타난다. 이러한 가족주의 성향으로 인해 자신의 가족 이외에 타인을 믿지 않거나, 타인을 중시하지 않고 자신의 가족이나 주변을 중심으로만 생각하는 사고방식이 나타나기 시작한 것이다.

이러한 사회적 인식이 형성된 이유는 역사적인 배경에서 그 이유를 찾을 수 있을 것이다. 먼저 우리는 국권피탈로 일제강점기를 겪었다. 민족의 정통성을 부정당하고 역사적 단절을 겪으며 많은 사회적, 경

행복을 키우는 공감 학습

제적 자원을 수탈당하며 큰 타격을 입었던 시기이다. 이 시기에 겪었던 물적, 인적자원의 유출뿐만 아니라 문화통치와 민족말살정책을 통해 사회문화적인 변화와 영향을 받게 되었다. 문화통치와 민족말살정책은 한국의 문화를 뒤흔드는 것뿐만 아니라 민족 간의 갈등을 조장하게 만드는 것에 목적이 있었다.

경제수탈정책의 결과, 한국사회의 빈부격차가 매우 심각한 수준으로 벌어졌다. 일본은 강압적인 정책을 통해 한국인들의 국민성을 억압하고, 한국인은 일본인들보다 우매한 사람들이며 2등 시민이라는 패배의식을 심으려 하였다. 식민 통치 아래 한국인들은 일본의 강제 점령을 용인하고, 더 나아가 이를 지지하여 자신의 세를 불리려 시도했던 소위 친일 집단과 이에 저항하여 일신의 피해를 무릅쓰고 스스로를 희생하여 조국 광복을 이루려 했던 반일 집단으로 나뉘었다. 일본 정부 입장에서는 친일파를 귀히 중용하고 반일파를 억압하려 하였고, 이는 결국 국가와 민족을 위해 더 노력한 사람들이 더 비참한 처지에서 궁핍하게 살아가야 하는 모순적인 환경을 만들어 냈다.

광복 이후에는 그동안 정당하지 못한 방법으로 세를 불렸던 친일파에 대한 적절한 처벌과 탄압받았던 저항 세력들에 대한 보상이 있어야 했으나, 오히려 안정적인 행정체계를 확보해야 한다는 명목으로 기존의 관리자 계급이었던 친일파가 여전히 중용되는 등 해결되지 않은 부조리가 지금도 남아 있다. 일제강점기는 이외에도 많은 흉터를 한반도에 남겼다. 해방 직후 미군정이 들어서면서 남과 북이 나뉘게 되었고, 이후에도 친일파 청산문제, 한일 관계, 과거사 청산, 위안부 문제 등 한국사회에 있어서 일제강점기는 사회문화적으로, 경제적으로 한국사회에 지대한 영향을 끼쳤다. 결론적으로 그 당시 겪었던 민족 간의 갈등과 이후 친일파 청산 노력보다는 친일 지식인 세력들의 득세와 독립운동을 위해 목숨을 걸었지만 결국 국가로부터 인정받지 못하거나, 이전보다 못한 삶을 사는 후손들을 볼 때 우리는 권선징악이나 노력한 만큼의 보상을 받는다는 어떻게 보면 당연한 공정의 논리를 잊어버리는 사회를 살아가고 있다고 느끼게 된다. 결국 다양한 역사적 사건과 사회 분위기로 인해 우리는 사회에 대한 신뢰를 잃어가고 있으며, 나아가 사회적 지원이 부족한 환경과 더 나은 삶을 살아갈 수 있을 것이라는 확신을 잃어 간 채 살아가고 있다. 이것이 사회에 대한 불신을 키운 하나의 원인이라고 볼 수 있다.

광복 얼마 후 겪은 한국전쟁 역시 한국사회에 불신이 만연하게 만든 원인 중 하나로 볼 수 있다. 광복 직후 공산주의와 자유주의 진영으로 갈라진 남북한은 2차 세계대전 이후 미국과 소련의 냉전이 한반도라는 작은 곳으로 옮겨진 이념의 각축장이었다. 그러한 상황 속에서 북한의 남침으로 발생한 한국전쟁은 남한과 북한 통틀어 200만 명 이상이 사망 또는 실종되는 비극적인 전쟁이 되었다. 또한 남한과 북한의 대치 과정에서 발생한 이념의 강요는 옆집 사람도 못 믿게 만드는 비극적인 상황으로 국민들을 내몰았다. 보통 사람들에게 자유주의나 사회주의 같은 거창한 이념의 문제는 그다지 중요한 것이 아니었고, 자신과 가족의 안위가 가장 중요한 문제였던 것이다. 현재 우리나라의 수도인 서울만 하여도 몇 차례나 북한군에 의해 점령되었다가 국군에 의해 수복되었다. 이른바 "낮에는 대한민국이요, 밤에는 인민공화국"이었던 것이다. 이때 서울에 사는 보통의 사람들은 대한민국, 또는 인민공화국에 대한 충성심을 지닌 채 다른 한쪽에 저항하며 살아가는 삶과는 거리가 멀었다. 끊임없이 바뀌는 거버넌스는 사람들에게 안정된 신념을 갖게 만드는 것이 아니라 혼란을 겪게 하며, 이 속에서 사람들은 일단 자신의 안위를 최우선에 두는 기회주의적인 성향을 지니게 된다. 기회주의적인 성향은 타 집단과 내 집단의 구분을 명확히 하며, 타 집단에 대해 배척적이고 신뢰하지 못하는 경향을 보이기 때문에 한국전쟁의 여파로 타인에 대한 불신이 팽배하게 되었다고 할 수 있다.

일제강점기와 한국전쟁을 겪으며 옆집 사람이 언제 적이 될지 모르는 상황에서 내 가족을 의지하고 가족 중심의 가치관은 더욱 강화되었다. 결국 "피는 물보다 진하다."라는 사고방식으로 인해 우리는 타인을 믿지 못하며 가족주의, 나아가 집단주의 사고방식은 자신이 속한 집단 이외에 다른 집단을 믿지 못하는 불신의 사회를 조장하게 되었다.

또한 한국의 유례없는 경제성장 역시 불신을 가중시킨 하나의 원인으로 볼 수 있을 것이다. 우리나라는 1970년대부터 지금까지 짧은 기

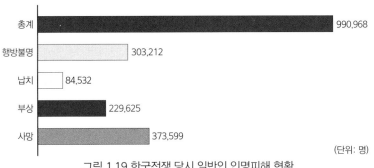

(단위: 명)

그림 1.19 한국전쟁 당시 일반인 인명피해 현황
출처: 대한민국 통계연감

간 동안 급속한 경제성장을 이루었다. 우리나라의 국내 총생산은 약 600배가량 증가하였으며, 1인당 GDP 역시 100배 이상 증가하였다. 이처럼 한국의 1970년대와 1980년대는 급격한 경제성장을 이룩한 시기였다. 이는 대기업 중심의 경제구조와 거점 중심의 개발을 추진해 이뤄 낸 결과라고 볼 수 있다. 단기적으로 급속한 경제성장을 보인 시기였으며, 개인의 삶이 풍요로워질 것이라는 기대감으로 충만하던 시기였다. 하지만 동시에 이 시기는 성장 중심의 경제발전을 통해 한국사회에 불평등과 불균형을 심화시키는 계기를 제공하는 시기이기도 하였다.

역사적인 사건과 경제성장을 겪은 한국사회에서 근대화 과정은 압축적으로 진행되었다. 장경섭은 압축적 근대화의 결과로 능동적인 자기변혁이 아닌 사회질서에 의해 통제된 과정 속에서 이념과 물질의 만성적인 부정합성이 생겨나게 되었다고 언급한다(장경섭, 2009, 28-29). 우리나라는 근대사회로서의 진입이 일제에 의해 강행되었고, 그 이후로도 서구의 발전국가를 모방하면서 급속도로 발전을 이룩하였다. 전통적인 가치와 제도가 잔존하는 상황에서 서구적이고 현대적인 가치와 제도가 급격하게 밀려들어 오면서 가치와 제도의 우발적인 다원성이 발생하게 된 것이다. 다시 말해 개인들은 전통적인 유교 가치관과 급진적인 서구 개인주의 가치관에 동시에 노출되며 혼란을 겪게 되었다. 또한 기술의 변화가 다른 어느 국가들보다 빠르게 전개되었다. 지금의 기성세대들은 농업사회, 경공업사회, 중공업사회, IT사회를 모두 겪어 보았다는 사실을 놓고 볼 때 사회적 전환이 얼마나 빠르고 급격하게 일어났는지 체감할 수 있다. 이렇듯 급격

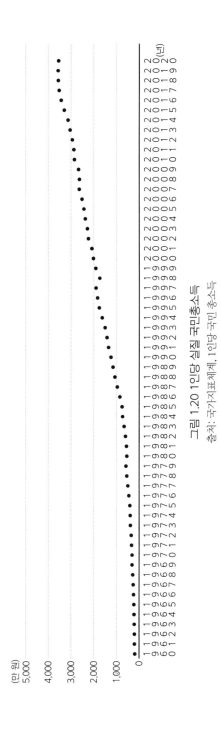

그림 1.20 1인당 실질 국민총소득

출처: 국가지표체계, 1인당 국민 총소득

한 사회 변화는 개인의 삶에 혼란을 가져왔으며 시대에 적응하기 위해 노력과 경쟁을 강조하는 사회 분위기를 조성하였다. 한국사회의 제도적인 환경은 이렇듯 압축적인 근대화 과정을 통해 가치관의 혼란, 법과 전통적 도덕성의 혼란을 가중시켰다. 또한 서구의 자본주의가 급하게 적용되는 과정에서 천민자본주의나 물질만능주의 같은 자본주의의 부정적인 측면이 드러나게 되었다.

역사적인 사건과 압축적 근대화는 경쟁을 통해 성공을 쟁취해야 한다는 심리를 부추겼다. 즉, 1등이 아니면 실패라는 승자독식문화가 자리 잡게 되었다. 압축적 근대화 과정에서 실패는 발전하는 사회에서 남들을 따라가지 못하고 도태된다는 불안감을 조성하였으며, 압축적 근대화 과정에서 발생한 성장 위주의 경제정책과 기업구조는 이러한 승자독식문화를 더욱 견고히 하는 계기가 되었다. 특히, 성과가 좋은 기업에 집중적으로 투자함으로써 경제성장을 빠른 시간 내에 이룩하려 했던 국가 정책은 결국 일부 승자의 지위를 획득한 기업에게 모든 것이 돌아가게 만드는 결과를 가져왔다. 이러한 현상은 IMF를 겪으면서 더욱 심화되었다. 1997년 대한민국의 경제를 뒤흔들던 외환위기는 많은 기업을 도산시키며 전국에 실업자를 양산하였고, 한순간에 일자리를 잃어버린 부모들은 자식들에게 대기업에 취업하거나 공무원이 되는 것이 아니면 실패한 인생일 뿐이며, 악착같이 살아야 한다는 인생의 교훈을 가르쳤다. 결국 경쟁에서 뒤처지면 도태한다는 승자독식문화는 타인을 경쟁자로 인식하게 만들었고, 사회를 처음 접하는 학교에서조차 경쟁에서 승리만을 강조하는 교육제도는 대학입시를 중시하는 교육과정에서 남이 아닌 자신을 먼저 위

행복을 키우는 공감 학습

하는 사람들만이 승자가 될 수 있으며, 내 친구와 주변을 경쟁자로 인식하게 만들었다.

주변 사람을 내 경쟁자이자 적이라고 바라보아야 하는 상황에서 오는 스트레스는 삶의 질과 행복감 모두를 떨어뜨리는 요인이 되었다. 신뢰의 부족으로 인해 언제부터인가 우리는 같은 아파트에 사는 이웃이 누구인지 모르고, 소통이 단절된 상태에서 이웃에게 마음을 닫는 불행한 현실 속에서 살아가게 되었다. 승자가 되기 위해 타인을 경쟁자로 인식하고 그들을 이기기 위해 수단과 방법을 가리지 않는 삶을 살게 된 것이다. 이는 기본적으로 타인을 존엄한 인간이 아닌 목적을 위한 수단으로 인식하게 만들어 그 사람의 안녕이나 상태에 대한 관심을 원천적으로 차단한다. 이런 사회 환경에서는 타인에 대한 신뢰와 공감대는 형성되지 않는다. 내 친구와 주변을 경쟁자이자 적으로 바라보게 된 환경 속에서 타인을 믿기보다는 불신하는 사회 분위기가 만들어졌고, 타인과의 신뢰가 형성되지 않은 상황에서 발생하는 의사소통의 부재와 이해의 부재가 타인과의 공감을 부재하게 만드는 상황을 초래하게 되었다.

## 3. 신뢰-공감-행복의 관계

한국사회의 공감 부재를 설명할 때마다 받았던 비판은 공감 문제가 아니라 신뢰 문제라는 것이었다. 그러한 비판을 수용하면서 공감과 신뢰가 어떻게 관계가 있는 것을 보여 주었다. 앞에서 설명하였듯이 공감과 신뢰는 사회적 상호작용에서 마치 하나처럼 긴밀히 연결된 개념이다. 신뢰가 없으면 공감이 없고 또 공감이 낮으면 신뢰도 낮다. 이것은 한 상태를 향상시키면 다른 상태도 자연히 올라감을 의미한다. 이 책에서는 한국사회의 행복을 위해 공감을 향상하는 데 집중한다. 우리의 기본 논리는 그림 1.21에 잘 나타난다. 즉 한국인의 행복을 위해서는 갈등을 줄여야 하고 그것을 위해서는 갈등의 중요한 요인인 사회적 공감을 향상시켜야 한다. 사회적 공감이 향상되면 갈등이 줄어들 뿐 아니라 신뢰도 증가한다. 증가한 신뢰는 다시 갈등 해소에 긍정적인 영향을 미쳐서 갈등이 더 줄어들고 한국인의 행복도는 더 증가한다.

　결국 공감을 어떻게 향상시키는지가 관건이 되는 것이다. 다음 장 이후에는 공감을 향상시키기 위한 제언에 집중한다. 먼저 일반 시민의 공감 향상을 위한 키워드를 제시하고 이를 실천하기 위한 방법을 제시할 것이다. 그다음 제도적인 영역에서 공감 교육을 통해 공감을 향상시키는 방법들을 모색할 것이다.

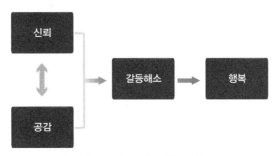

그림 1.21 신뢰와 공감과 행복의 관계

행복을 키우는 공감 학습

# 제3장. 시민 공감 학습을 위한 키워드

## 1. 자기 공감

자기 공감(Self-empathy)이라고 하면 자기를 더욱 소중히하고 사랑한다는 뜻으로 여겨질 수 있지만, 사실은 그와 반대의 의미를 가진다. 공감은 상대방의 입장에서 느끼고 생각한다는 것인데, 그런 의미에서 자기 공감이란 자기의 입장을 객관적으로 파악하고자 하는 노력이다. 우리 사회의 공감을 향상시키기 위해 자기 공감이 무슨 큰 의미가 있는지 질문할 수도 있는데, 타인의 입장을 공감하기 위해서는 먼저 자기의 입장을 알아야 한다는 점에서 자기 공감은 공감 향상의 첫걸음이라 할 수 있다.

우리는 모두 자기의 생각이나 입장을 항상 잘 알고 있다고 생각하는데, 그것은 큰 착각이다. 우리는 대부분 우리 자신에 대해 별로 생각해 보지 않는다. 그 이유는 우리 자신이 어떤 객관적인 판단의 대상이 아니기 때문이다. 우리는 자신을 최고의 존재로 생각하려는 경향이 있고, 자신을 위해 우주가 존재한다는 암묵적인 가치관을 가지로 있는 게 사실이다. 그렇기에 자신은 항상 절대적인 존재이지 판단의 대상이 아니다. 필자의 경험을 통해 이 내용을 설명해 보자. 좀 더 현실감 있게 전달하기 위해 '나'라고 하는 일인칭으로 경험을 전달해 보겠다.[16]

　이것은 내가 군대에서 겪었던 일이다. 나는 카투사에서 군대생활을 했다. (카투사는 미군에 배속된 한국군대를 의미한다.) 특수부대인지라 일반 사병과 달리 훈련기간 중에 양식 먹는 법을 배우게 되었다. 교관은 선배 카투사였는데, 맨 먼저 하는 말이 카투사들이 양식을 먹을 때 너무 소리를 내면서 먹는다는 것이었다. 즉, 미군은 소리를 내지 않고 잘 씹는데 한국 카투사들만 유난히 양식을 먹으면서 소리를 내며 씹으니 조심하라는 것이었다. 이 말을 듣고 나는 식당에서 사람들이 먹는 것을 살펴보았다. 그런데 정말로 그 교관의 말처럼 미군은 식사를 할 때 거의 소리를 내지 않는 데 비해 많은 카투사들이 소리를 내며 음식을 먹고 있는 것이었다. 지금도 좀 그렇지만, 당시에는 더욱 모범생 콤플렉스가 있었던 나는 카투사들이 소리 내며 식사하는 것이 매우 거슬렸다. 아마 그 거슬림은 소리 내서 먹는 카투사들 때문에 애꿎은 나까지도 피해를 입는다는 생각에서 비롯된 것이리라. 아무튼 나는 내내 주위의 왕소리 카투사들을 원망하였고 또 괴로워했다. 그러던 어느 날이었다. 훈련이 거의 끝날 무렵이었던 어느 금요일 저녁으로 기억한다. 이날도 여느 때와 마찬가지로 나는 카투사들이 소리 내어 음식을 씹는 것을 못 마땅히 여기며 식당에서 식사를 하고 있었다. 이때 한 카투사가 내 앞에 앉아서 식사하기 시작했다. 그런데 그 녀석이 이제까지 들어본 중에서 가장 큰소리로 식사를 하는 것이었다. 나는 속으로 너무 화가 나서 그 녀석에서 제발 소리 좀 내지 말라고 소리치고 싶은 마음을 겨우겨우 억누르면서 식사를 계속하고 있었다. 그런데 이 앞에 앉은 녀석의 먹는 소리는 점점 더 커지는 것이 아닌가? 난 앞에 앉은 녀석이 내는 소리 때문에 오히려 주변을 살필 정도가 되었다. 너 때문에 나까지 욕을 먹는다는 생각이 들자 이제는 더 이상 참을 수가 없었다. 그래서 그 녀석에서 '야, 너 소리 좀 내지 말고 먹어라'라고 말하려는 바로 그 순간, 내 앞에 앉아 있던 바로 그 녀석이 "야! 너 제발 소리 좀 내지 말고 먹어라!"라고 나에게 말하는 것이 아닌가? 그리고는 그 왕소리 카투사는 휙 하고 일어나서 자리를 떴지만, 난 한참 동안 그 자리에 그냥 앉아 있을 수밖에 없었다. 그리고 그 순간 난 지금껏 인생의 많은 깨달음 중 가장 크다고 할 만한 깨달음을 얻었다. 그것은 내가 내 자신을 전혀 볼 줄 모른다는 것이었다. 실제로 나는 그때까지 다른 사람들만 볼 줄 알았지 나 자신을 보려고 시도한 적은 한 번도 없었다. 나를 봐야 할 필요성조차도 느끼지 못했다. 카투사들이 소리를 내면서 먹는다는 교관의 이야기를 처음 들었을 때도 내가 생각하고 바라본 대상은 내가 아닌 다른 카투사들뿐이었다. 이게 바로 나를 비롯한 보통사람의 모습이다. 자기 자신을 객관적, 비판적으로 바라보지 못하고 그렇게 해야 할 필요성조차 느끼지 못하는 것이다. 왜냐하면 자기 자신은 그 자체로 절대적인 존재이기 때문이다. 따라서 생각이나 판단의 대상이 되지 않는 것이다. 지금 생각해 보면, 이런 상황이었던 것 같다. 내 앞의 왕소리 카투사의 음식 먹는 소리가 점점 커졌던 이유는 아마 내가 내는 소리가 거슬려서 그랬을 것이다. 물론, 나도 앞에 있는 녀석의 소리 때문에 열 받아서 평소에 내던 소리보다 더 크게 내서 식사했을 것이다.

독자들은 필자의 이 경험에 대해 자신은 절대 그렇지 않다고 말할 수 있는가. 공감은 타인의 '신발'을 신고 그 사람의 입장에서 느끼고 생각하는 것이다. 자기 공감은 자신의 '신발'을 인식하는 작업에서 출발한다. 이전에는 자신의 생각과 가치관에 대해 추호도 비판할 마음이 없었지만, 이제 자신의 입장을 객관적으로 살펴보고 어떻게 자신의 생각과 가치가 그 입장에서 나오게 되었는지를 살펴보는 것이다. 그 과정에서 자기 공감적인 사람은 자신의 생각과 가치관을 객관적으로 보고 비판할 수 있다. 즉 내가 이런 생각과 가치관을 가지는 이유는 내가 자라온 배경과 경험들의 결과이기에 상당한 주관성이 내재되어 있다는 것을 인정하는 것이다. 따라서 자기 공감적인 사람은 타인의 의견에 전혀 동의할 수 없다 하더라도, 그것이 잘못된 것이라고 무조건 치부하지는 않는다. 왜냐하면 자기 공감적인 사람은 '타인의 생각에 대해 내가 동의할 수 없는 것은 내 자신의 의견과 가치관과 너무 다르기 때문인데, 내 자신의 의견과 가치관이 절대적인 것이 아니므로 타인의 생각이 틀렸다고 말할 수는 없다'라고 생각하기 때문이다.

이러한 자기 공감은 집단적 상황에서 사회적 공감을 향상시키는 메커니즘으로 작동할 수 있다. 앞 장에서 설명하였듯이 우리 사회의 갈등 요인 중에 가장 큰 부분이 이해와 소통의 부족인데, 자기 공감을

행복을 키우는 공감 학습

하는 사람들은 자기 집단에 대해서도 객관적인 평가를 하게 된다. 자기 공감적인 사람은 자기 집단이 취하고 있는 입장과 의견이 집단이 처한 환경과 성장 과정에서 출현하게 된 것이라는 점을 인정하고 그 입장이 자신에게는 도움이 되고 자신의 가치관에도 맞지만, 다른 집단의 입장과 의견보다 무조건 좋은 것으로 판단하지 않기 때문이다. 사회적 공감의 출발점은 다른 집단의 입장에 서 있는 것이라기보다는 자기 집단의 입장과 의견을 한발 떨어져서 볼 수 있는 능력을 키우는 것이다.

## 2. 듣기 연습

미국의 유명 리버럴 아츠(Liberal Arts) 대학인 세인트존스대학(St. John's College)에서는 학교의 3대 교육 목표 중의 하나가 '듣기'이다. 이 대학은 인문학에서 자연과학 분야까지 다양한 고전을 읽고 토론하는 세미나 수업이 대학 커리큘럼 4년 내내 진행되는 것으로 유명하다. 20명 남짓한 학생들이 월요일과 목요일 저녁에 모이고 토론은 두 명의 교수에 의해 공동으로 운영된다. 이때 교수는 안내자의 역할만을 하며 수업 시간은 내내 학생들의 열정적인 토론으로 진행된다. 세인트존스대학의 토론 세미나를 취재한 『뉴욕타임스』는 이 수업의 특징을 세 가지로 분석했는데, 첫째 학생들은 자신이 이해한 바를 분명하게 표현(articulate)하고, 둘째 학생들은 놀라운 집중력으로 다른 사람의 말을 듣고, 마지막으로 다양한 의견을 수용하는 겸손의 태도를 보인다는 것이다. 이것이 바로 '듣기'를 교육의 최우선 목표로 선

정한 대학에서 학생들이 보이는 성과이다.[17]

필자의 연구소는 비영리 법인 '공감하는 사람들'과 공감식탁 운동을 전개하고 있다. 이 운동은 글자 그대로 상대방에게 공감하기 위해 밥을 먹는 모임 운동이다. 이 운동은 스폰서와 코디네이터 그리고 참가자로 구성되는데, 스폰서는 밥값을 내는 사람이고 코디네이터는 공감식탁 참가자를 모집하고 본인도 직접 참가하는 사람들이다. 참가자들은 스폰서가 결정할 수도 있고 코디네이터의 기획에 의해 결정될 수도 있다. 참가자들을 결정할 때, 자신들의 의견을 들어주기 원하는 사람들을 주로 모색하지만, 아무 관련 없는 사람들끼리도 공감식탁에 참여할 수 있다. 공감식탁에 참여하는 사람들에게 요구되는 것은 단 한 가지이다. 상대방에게 경청하기.

듣기 연습은 개인적 측면을 넘어 사회 시스템의 향상을 위해서도 필요하다. 우리 사회의 고질적인 문제 중의 하나가 자기 이야기만 하고 남의 이야기를 경청하지 않는다는 점이다. 이것은 사회의 엘리트층일수록 더욱 그러한데, 필자는 그 이유가 그들 대부분이 도덕적 해이(moral hazards)에 익숙해져 있기 때문이라고 생각한다. 도덕적 해이란 권리만 있고 책임이 없는 상황에서 사람들이 자신의 행동에 신의성실의 의무를 다하지 않는 것을 의미한다. 이 말은 원래 보험업계에서 쓰던 말이다. 자동차보험 회사들이 자사 보험가입자들의 사고 상황을 살펴보다가 어떤 특징적인 현상을 발견했는데, 그것은 보험에 든 날에 사고 난 사례가 다른 날보다 훨씬 많다는 것이다. 이유를 찾아보니 사람들이 보험에 들기 전까지는 조심해서 운전하다가 보험에 가입하는 순간 사고가 나더라도 보험사에서 그 손해를 보상해 줄 것이기 때문에 사고 예방에 신경을 덜 쓰게 된다는 것이다.

도덕적 해이의 개념은 이후로 다양한 사회현상을 설명하는 데 사용되었는데, 1997년 외환위기에서의 한국의 금융권에 대한 적용이 그 한 예다. 1997년 우리나라가 외환위기를 겪었을 때, 외신들은 한국의 은행들이 도덕적 해이에 빠졌다고 연일 보도하였다. 은행이 대출할 경우 고객의 신용도를 정확히 확인해서 실행해야 하는데, 한국의 은행들이 임의로 대출을 했다는 것이다. 이것은 당시 한국 금융권의 실질적인 지배자가 정부이고 큰 대출은 정부나 권력가의 요구나 승인에 의해 이루어지기 때문에 은행들이 대출 책임의 의무가 없는 상황에서 발생하였다. 즉 은행들은 큰 대출에 대한 책임이 없다고 인식하고 작은 대출에 대한 권리만 누리다 보니, 자신들이 성실하게 행해야 할 대출 심사를 임의로 했다는 것이다.

필자는 한국의 엘리트층에게 이 개념을 적용하고 싶다. 한국의 엘리트들은 대부분 어려운 스크리닝 과정을 통해 자신의 자리를 확보하는데 한번 확보된 자리는 특별한 사유가 없는 한 유지된다. 예를 들어 판사는 사법고시를 통해, 고위 공무원은 행정고시를 통해, 기자는 언론고시를 통해 자신들의 높고 영향력 있는 자리를 확보하고 확보된 후 이 자리는 정년 때까지 보통 유지된다. 이 자리를 유지하기 위해 특별히 해야 할 의무는 없다.[18] 이럴 경우 도덕적 해이가 발생한다. 자신이 직업을 성실히 수행하기보다는 대충 권리만 누리게 된다. 업무를 수행하면서 자신들이 상대해야 할 사람들을 불성실하게 대하고 그들의 목소리를 듣지 않게 되는 것이다.

필자의 경험을 통해 한국의 엘리트 계층의 모습을 전해 보고자 한다. 필자는 2004년에 연구년을 받아 일본 게이오 대학에 교환교수로 간 적이 있다. 당시 우연히도 필자의 고등학교 동창들이 도쿄에 많이 있었는데, 한 명은 판사로서 법관 연수로 게이오 대학에 왔고, 한 명은 기자로 도쿄 특파원으로 와 있었다. 또 다른 한 명은 외교부 공무원으로 대사관에서 근무하고 있었고, 한 명은 증권회사 도쿄지점장으로 와 있었다. 그러던 어느 날, 필자 포함한 고등학교 동창생 다섯 명은 도쿄에서 모여 즐겁게 식사를 하고 있었다. 그런데 식사하면서 내가 느낀 것은 우리 대부분이 자기의 이야기를 하고 남의 이야기는 듣지 않다는 사실이었다. (물론 나도 그러하였다.) 딱 한 명, 남의 이야기를 듣고 있는 친구가 있었는데, 증권회사 지점장이었다. 그때 생각난 것이 도덕적 해이였다. '아, 우리가 너무 권리를 누려서 남의 이야기를 듣는 습관이 안 되어 있구나'하는 생각이었다. 증권회사 지점장은 시장(market)이라고 하는 평가 시스템이 작동하기에 자기의 업무를 위해서 남들의 이야기를 잘 들을 수밖에 없지만, 우리는 평가를 받을 일이 거의 없기에 자신의 주장만을 펼치고 있는 것은 아닌지 생각하게 되었다. 즉 우리 사회에서 엘리트층일수록 듣는 습관이 안 되어 있고, 이들이 '남의 말 안 듣는 문화'를 주도하는 것이다.

듣기 연습은 개인적으로 해야 하지만, 남의 의견을 잘 듣지 않으면 성공을 거둘 수 없는 사회적인 시스템도 필요하다. 공무원이 시민들의 의견을 잘 듣지 않는다면, 교수가 학생들의 의견을 잘 듣지 않는다면, 법관이 피의자의 의견을 공정하게 듣지 않는다면, 기자가 최선을 다해 취재하지 않는다면 자기의 직업에서 성공할 수 없는 시스템을 만들어야 한다.

## 3. 다양한 시선으로 상대 보기

혈액형에 따라 개인의 성격 차이가 있다고 맹신하는 사람이 있다. 예들 들어 A형은 꼼꼼하지만 소심한 편이고, B형은 창의성이 높으나 제멋대로이고, O형은 열정적이지만 과한 경향이 있고, AB형은 똑똑하지만 이중적인 경향이 있다는 것 등이 혈액형에 입각한 성격론이다.

필자는 B형인데, B형 남자에 대한 혈액형 성격설의 평가가 그리 좋지 않아서 필자가 혈액형을 이야기하면 그전과 다르게 대하는 것을 가끔 느끼기도 하였다. 필자는 혈액형 성격설은 전혀 과학적이지 않다고 주장하는데, 혈액형 성격설주의자들은 꼭 B형이 그런 주장을 한다고 되받아치기도 하였다. 그들은 내 혈액형을 알고 나서 이해하지 못했던 내 행동들이 아주 잘 이해된다고도 했다.

일단 혈액형 성격설에 대해 알아보면, 일본에서 제국주의 시절에 잠깐 논의되거나 활용되었다가 1971년 일본 방송작가 노미 마사히코(能見正彦)가 쓴 『혈액형으로 알 수 있는 상성』이라는 책이 밀리언셀러가 되면서 일본사회 전역에 광풍처럼 번진 것이다. 아직도 많은 일본 사람들은 이 혈액형 성격설을 굳게 믿고 있다. 필자가 1993년 게이오 대학의 방문연구원으로 재직했던 당시, 일 년 동안 아주 친하게 지냈던 대학원생이 필자의 혈액형을 알고 나서는 "장 선생님, 어째서 B형입니까?"라는 당시 이해할 수 없는 말을 하고 소원한 사이가 된 경험도 있다. 이러한 혈액형 성격설은 2000년을 전후해서 한국에서도 급속도로 확산되었고, 당시 모 여론조사에서는 한국사람의

75%가 혈액형과 성격이 밀접한 관련이 있다고 믿는다는 결과를 보도하기도 하였다. 물론 지금은 학계에서 이에 대한 강력한 비판도 있어서 혈액형 성격설이 조금 수그러든 것도 사실이지만, 아직도 정말로 많은 사람들이 혈액형과 성격의 관계를 믿고 있다.

　이에 대해 필자의 개인적 생각이 아니라, 학문적인 개념으로 비판을 해 보자. 혈액형 성격설주의자들은 자신이 본 사람 중에 혈액형 성격설과 맞지 않은 사람들은 거의 없다고 말하고 있다. 정말 그럴까? 필자가 인지심리학 전공자는 아니지만, 사회학에서도 주로 활용하는 개념으로 인지 작용의 경제성과 일관성의 원칙, 그리고 자기충족적 예언(Self-fulfilling prophecy)이라는 개념으로 그 주장을 반박할 수 있다. 인지의 경제성 원칙은 '스키마'나 '휴리스틱'과 거의 같은 개념이라 할 수 있다. 즉, 인간의 '제한된 합리성'으로 인해 모든 정보를 다 수집해서 판단할 수 없는 경우 기존의 틀(스키마)에 따라 인지하거나 어림짐작(휴리스틱)으로 판단한다는 것이다. 이런 경우 기존 인지 및 판단의 일관성이 유지되는 경우가 많다. 즉, 새로운 인지나 판단보다는 기존의 틀에 맞게 인지하고 판단하게 될 가능성이 큰 것이다. 다시 혈액형으로 돌아가 본다면, 혈액형 성격설주의자에게는 혈액형이 중요한 스키마이다. 그래서 자신이 만나는 사람들을 이러한 스키마로 인지하고 판단하면서 그와 상호작용을 하게 된다. 상호작용 과정에서 자기가 규정한 성격과 다른 모습을 보이면, 그것을 새롭게 해석하기보다는 그 모습을 대부분 잊어버리게 된다. 이것은 인지의 경제성의 또 다른 모습이다. 즉 자기의 스키마와 다른 정보를 해석하려면 너무 많이 노력이 필요하기 때문에 그 고통을 피하기 위해서 그 정보를

행복을 키우는 공감 학습

무시할 가능성이 크다.

또한 자기충족적 예언으로도 혈액형 맹신자의 주장도 설명할 수 있다. 자기충족적 예언은 사람들이 어떠한 일이 자기에게 일어날 것으로 규정하는 순간 그 일의 발생을 위해서 의식적이건 무의식적이건 행동하는 것으로 볼 수 있다. 예를 들어 보자. 어떤 남학생이 소개팅을 나갔는데, 너무 아름다운 여학생이 앉아 있었다. 그 남학생은 자존감이 낮아서 속으로 '이 여학생이 나에게 호감을 가질 리가 없어'라고 생각하면서 그 여학생과 대화를 한다고 하자. 그러던 중, 여학생에게 "어떤 음식을 좋아하세요?"라고 물었더니 "아무거나 다 좋아한다."라고 대답이 왔다. 이 남학생은 속으로 '역시… 나에게 호감이 없으니 대충 대답하는군'이라고 생각하면서 퉁명하게 그 여학생에게 대답하였고, 이런 일들이 반복되면서 실제로 그 여학생이 남학생에게 호감이 있는지 없는지와 무관하게 여학생은 남학생에게 호감을 갖지 않게 된다. 이것이 자기충족적 예언이다. 이렇듯 어떤 사람을 B형 나쁜 남자라고 규정하고 그와 상호작용하게 되면, 그 사람을 정말 나쁜 남자로 만들 가능성이 높은 것이다. 그러면 그 혈액형 맹신자는 '아, 역시 혈액형 성격설은 진리야'라고 다시 한 번 확신하게 된다.

혈액형 이야기를 장황하게 쓴 이유는 우리 모두가 이와 비슷한 사람에 대한 스테레오타입, 즉 전형을 가지고 있기 때문이다. 과거 영호남 지역감정이 심할 때는 영호남 사람들이 서로 상대 지역에 관한 스테레오타입으로 사람들을 평가하는 경향이 높았다. 이러한 전형으로 상대방을 평가할 때 상대방을 종합적으로 판단하기 위해 노력하지 않게 되고, 결국 공감의 가능성은 떨어진다.

공감을 높이기 위해서는 사람을 평가할 때, 단순한 전형에 의존하기보다는 다양한 시각에서 사람을 평가하는 연습을 할 필요가 있다. 이것은 노력하지 않으면 저절로 얻을 수 없다. 앞에서 언급한 인지의 경제성 원칙 때문에 사람들은 가능하면 적은 잣대로 많은 사람들을 판단하고자 한다. 해방 이후 가장 많이 사용되었던 보수진영의 '빨갱이' 잣대, 그리고 최근에는 진보진영의 '친일' 잣대가 그 대표적인 것이라 할 수 있다.

인지의 경제성 말고도 사람들이 타인을 평가할 때 자신만의 잣대를 계속 견지하고자 하는 이유가 있다. 바로 인지 부조화를 줄이기 위해서이다. 인지 부조화란 자신의 생각이나 신념과 실제 현실이 일치하지 않을 때 생기는 심리적 불편함 또는 고통이다. 가장 많이 드는 예로서 이솝우화의 '여우와 신 포도'가 있다. 그 우화에서 여우는 포도나무에 높이 걸려 있는 포도를 먹기 위해 하루종일 노력했지만 결국은 따먹을 수 없었고 포기하고 돌아서면서 '저 포도는 아주 실거야'라고 말한다. 여우가 그런 생각을 가지게 된 것은 인지 부조화를 줄이기 위해서이다. 즉 자신이 그토록 노력했지만 실패한 그 포도가 정말 맛있는 것이라는 현실을 받아들일 수 없는 것이다. 따라서 매우 실거라는 인지를 만들어 내 현실과 인지 사이에 부조화를 줄이고자 했던 것이다.

인지 부조화를 줄이고자 하는 경향은 우리 사회 모든 곳에서 발견된다. 앞에서 제시한 혈액형 성격설주의자의 경우도 마찬가지이다. 자신이 규정해 높은 혈액형 성격과 전혀 다른 사람을 만났을 경우 인지 부조화가 발생하고, 그 해결책은 그 사람에 대해 잊어버리거나 자신의 전형에 그 사람의 성격을 꿰맞추는 것이다. 따라서 그에게는 돌이켜 보면 혈액형 성격론에 맞지 않는 사람을 만난 적이 없는 것이다.

정치에서도 마찬가지이다. 자신이 그토록 지지했던 대통령이 비리를 저질렀다는 뉴스를 볼 때 인지 부조화가 발생하는데, 이 경우 그 대통령을 객관적인 입장에서 비판하기보다는 인지 부조화를 줄이기 위해 뭔가 억울하게 누명을 썼을 것이라고 생각할 가능성이 높은 것이다. 반대의 경우도 발생한다. 자신이 그토록 싫어하는 정치가가 좋은 정책을 실현했다고 하자. 그 경우, "아, 알고 보니 그 사람 훌륭한 정치가였네."라고 말하는 사람은 많지 않다. 대부분의 경우는 인지 부조화를 줄이기 위해, 그 정치가의 잘못된 부분만을 계속 찾는 것이 일반적인 현상이다. 전형에 의한 판단이건 인지 부조화를 줄이고자 하는 판단이건, 다른 사람에게 공감하는 것과는 거리가 멀다. 공감을 높이기 위해서는 이러한 경향들을 줄여야 한다.

그 대신, 다양한 기준 또는 시각으로 사람들을 보고 판단할 수 있어야 한다. 앞에서 예로든 비리 정치가에 대한 태도의 경우도 인지 부조화를 줄이기 위해 무조건 옹호하기보다는 '그 정치가가 경제 정책에는 훌륭한데 정치적인 권력욕이 큰 것이 문제이다'라는 식으로 평가한다면, 자신의 인지 부조화도 줄일 수 있고 그 정치가에 대한 이해와 공감을 높일 수 있다. 자신이 싫어하는 정치가에 대해서도 마찬가지이다. 복지 문제에 너무 좌파적인 것은 싫지만, 외교 정책은 잘 수행하고 있다고 평가할 때, 그 정치가에 대한 공감도는 올라갈 것이다. 최근에 보수-진보에서 문제가 되고 있는 박정희 전 대통령에 대한 평가도 이와 같은 다양한 기준을 적용할 필요가 있다. 박정희에 대한 평가는 보수 진영에서는 경제성장을 이끈 위대한 지도자로, 진보 진영에서는 민주화를 탄압한 독재가로 평가해서 한쪽은 100점, 한쪽은 0점을 주고 있다. 이것은 보수 진영은 경제성장, 진보진영은 민주화라는 한 가지 기준으로만 박정희를 평가했기 때문이다. 앞에서 말한 대로 다양한 기준을 통해 박정희 평가한다면, 두 진영 간의 의견 차를 줄일 수 있고 상호 공감을 확대할 수 있을 것이다. 중국의 덩샤오핑이 마오쩌둥에 대해 공칠과삼(功七過三)으로 평가했기에 아직도 마오쩌둥은 중국 근대사에서 건국의 아버지로 존경받고 있는데, 필자는 이것이 후세가 자국의 역사를 자긍심을 가지고 또 어느 정도 객관적으로 인식하는 데 도움이 되었다고 생각한다.

이것은 쉽게 할 수 있는 것은 아니다. 이를 위해서는 먼저 자신을 다양한 시각으로 볼 수 있어야 한다. 앞에서 자기 공감에 대해 설명하였지만, 자기 공감을 위해서는 자기의 모습을 객관적으로 볼 수 있어야 한다. 그럴 경우 자기에게서 발견되는 여러 다른 모습들, 때로는 상충되는 모습을 발견하게 된다. 그것은 자신을 다양한 시각에서 볼 수 있게 한다. 이전에는 절대적이고 판단의 대상이 아니었던 자신에 대해, 어떠한 부분은 좋은 점이 많은데, 다른 부분은 매우 취약하고 해롭다고 판단할 수 있게 되는 것이다. 그렇게 될 때, 비로소 타인에 대해서도 다양한 기준 또는 시각으로 판단할 수 있는 것이다.

다양한 기준으로 사람들을 판단하는 것은 사회적 집단에 대한 평가에도 적용될 수 있다. 우리나라 사람들은 일제의 식민지배에 대한 비판으로 일본 사람들을 전반적으로 싫어하는 경향이 있다. 이러한 경향에 딱 맞는 책이 한 삼십 년 전에 나왔는데, 전여옥의 『일본은 없

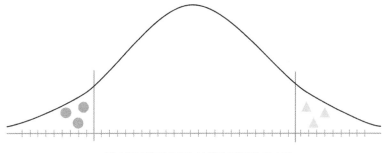

그림 1.22 정규분포와 사회의 다양한 모습들

다』라는 책이다. 이 책을 읽고 나서 필자가 느낀 것은 '사실이지만 진실이 아니다'라는 것이었다. 사실이면 다 진실이 아닌가?라고 반문할 독자가 있겠지만, 진실은 모든 사실을 종합적으로 파악했을 때 알게 되는 것이다. 우리 모두의 삶을 돌아보자. 너무 부끄러운 경험들도 있었고 꽤 자랑스러운 경험도 있을 것이다. 어떤 사람이 자신을 평가할 때, 아주 부끄러운 일을 한 것만 가지고 (그것은 사실이다) 자신에 대해 비판한다면, 당신은 그 사람이 진실을 말하고 있다고 생각할 수 있겠는가? 전여옥의 『일본은 없다』에 나오는 부조리한 일본사회와 생각 없는 일본인의 모습은 사실이다. 하지만 또 다른 많은 사실도 있다. 장인 정신, 민족주의를 넘어선 진보적 시민사회, 사회적 매너 등은 우리가 배워야 할 사실이다. 그런 부족함과 장점들이 종합적으로 합쳐져서 일본사회와 일본인이라는 진실을 구성한다. 그림 1.22를 보면 이 사실을 알 수 있다. 우측의 한 면만을 가지고 일본을 이야기하거나, 좌측의 한 면만을 보고 일본을 이야기할 때는 일본의 진실을 이야기한다고 할 수 없는 것이다.

　세대 간의 갈등도 마찬가지이다. 기성세대가 청년세대의 한 면만을 가지고 전부인 양 비판하는 경우, 또는 청년세대 일부 노인들의 모습만으로 노인 전부를 매도하는 경우 전부 진실을 말하고 있는 것이 아니다. 진실을 말하기 위해 다양한 기준과 시각으로 사회적 집단을 파악하려고 노력할 때, 그들에 대한 이해도는 높아질 것이며 사회적 공감은 향상될 것이다.

다양한 시각으로 상대를 볼 경우의 장점은 상대와 내가 다른 점도 있지만 공통점도 있다는 사실을 깨닫게 된다는 것이다. 공감을 위해서는 이러한 공통점 발견이 가장 먼저 필요하다. 즉 일반화된 타자[19]에 대한 공감보다는 자신과 유사점이 있는 사람에 대한 공감이 더 크기 때문에 타인에게서 유사점을 발견한다는 것은 공감의 가능성을 높인다. 이럴 경우, 다른 시각에서는 도저히 받아들일 수 없는 사람 또는 집단에 대해서도 공감할 수 있게 된다.

그 극단적인 예로서 케이팝(K-POP)을 통한 유대인 학생과 팔레스타인 학생들의 공감을 들 수 있다. 2013년 8월 7일 영국 온라인 BBC는 'Middle East: Korean pop brings hope for peace'라는 제목의 기사에서 "이스라엘-팔레스타인 협상가들이 평화를 이뤄 낼 공통분모를 찾으려고 애쓰는 사이, 젊은이들은 이미 한국의 '케이팝'과 함께 충돌을 잊었다."라고 보도했다. 기사는 제2차 세계대전 이후 지속되던 이스라엘-팔레스타인 간 분쟁으로 인해 적대적이기만 했던 양국 간 관계에 케이팝을 통해 서로를 이해할 수 있는 공감대가 형성되었고 이를 토대로 서로의 진정한 모습을 이해할 수 있는 여지가 생겨났음을 알려 준다. 이는 한류가 적대적 관계에 있던 두 집단에 속한 구성원들 사이에서 상대방을 향한 공감을 고취시키고 있음을 보여 주

행복을 키우는 공감 학습

는 좋은 실례이다.

이 외에도 이규연의 스포트라이트에서는 'BTS, 방탄소년단 성공 신화를 풀다'(2018.07.05, JTBC)라는 제목의 프로그램을 방영했는데, 그중 이스라엘 아미(ARMY)인 나나가 팔레스타인 아미 친구와 전화로 편안하게 대화하는 장면이 있었다. 이스라엘 아미인 나나는 인터넷에서 열린 아미 포럼에서 만난 또래의 아미와 대화하다가 그 아미가 팔레스타인 출신임을 알게 된다. 서로의 국적이 밝혀지는 순간 그 자리가 매우 불편하고 어색할 수 있었지만, 그들은 아미의 일원이라는 이유 하나만으로 서로 포옹하고 곧바로 카페로 자리를 이동했다. 이들은 이후 3시간 동안 BTS를 주제로 대화를 나누면서 서로의 상황과 처지를 이해하는 친구가 되었다.

이처럼 이스라엘-팔레스타인 한류 팬들은 서로를 향해 긍정적인 관계를 형성하고 있다. 서로 적대적 관계에 있는 집단에 속한 구성원이 집단 차원의 뿌리 깊은 정치적 갈등과 이로 인한 적대감을 넘어서서 서로를 알아가는 친구가 될 수 있었던 것은 한류라는 공통분모가 있었기에 가능하였다. 이 사례는 한류가 소통과 공유를 통해 상호 공감을 형성함으로 집단 간 공감을 향상시키는 촉매제가 된다는 것을 보여 준다.

역사적으로 한국과 대립적 관계에 있는 일본 내 한류 팬들에서도 이스라엘-팔레스타인 한류 팬들과 비슷한 양상이 나타나고 있다. 최가영·장원호(2020)의 연구는 일본 대학생의 케이팝 수용과 한국사회에 대한 인식의 변화를 보여 준다. 최근 점점 더 거세지는 일본 내혐한 분위기에도 불구하고 일본 내에 제3차 한류 붐이 일어나고 있으며, 그로 인한 영향은 개인뿐만 아니라 다음 세대까지 전 일생에 걸쳐 다양한 형태로 영향을 미치고 있는 것으로 나타났다. 2020년 조사 당시 대학생들은 2000년대 초에 시작된 한류 붐의 영향으로 청소년기부터 한국 대중문화에 빈번히 노출되는 환경에 있었다. 일본에서는 2000년대 초반부터 한국 드라마를 중심으로 본격적인 한류 붐이 시작되었으며, 이들이 초등학교, 중학교 시기에는 이미 매스미디어에서 한국 관련 콘텐츠를 쉽게 접할 수 있는 환경이었다. 이들은 케이팝의 소비를 시작으로 SNS를 통해 한국 아이돌 일상을 공유하며, 한국 패션, 음식 등 대중문화 이외의 일상문화콘텐츠(life contents)로서 한국 문화를 소비하고, 한국어 학습, 한국 방문으로 이어지는 경향을 보였으며, 이러한 가운데 한국사회와 한국사회에 대한 지식. 정보에 대해 직접 접할 기회가 점차 확대되는 양상을 보이고 있었다. 또한 이 과정에서 획득한 한국어 능력, 한국사회에 대한 지식 등은 그들의 인적 자본으로 작용하여 학교 선택, 직업 선택으로까지 영향을 미치고 있었다. 즉, 이들의 케이팝 소비는 단순히 대중문화의 소비에 국한되는 것이 아니라 한국 문화 접촉의 확장과 빈도의 증가로 이어지고 있었으며, 이는 한국사회에 대해 이미지 없음(무관심), 스테레오타입으로서의 한국에 대한 인식, 대립적 관계로서의 한국사회에 대한 전형에서 벗어나 한국의 사회문화적인 요소에 대한 '관심'으로 변하고 있었다. 한국 문화 접촉 경험은 일본 매스미디어에 대한 비판적 관점과 함께 자신의 시각을 '구축'하는 과정이 되고 있었다.

일본 대학생 케이팝 팬들의 한국사회에 대한 인식 변화가 일어난 데에는 앞서 언급한 자기 공감과 듣기 연습과도 연관지어 설명할 수 있다.

　일본 대학생들의 케이팝 수용 양식의 특징 중 하나가 그들이 주로 소셜미디어를 통해 케이팝을 소비하고 있다는 점이다. 전통적 매스미디어의 한국 관련 보도를 그대로 받아들이기보다는 인터넷 환경으로 한국에 대한 정보를 용이하게 입수하고 소셜미디어를 통해 한국 대중문화 이외의 분야에서도 한국 관련 정보를 접촉하고, 더 나아가 한국인 일반 사람들의 의견을 직접 접하고 있었다. 그렇기에 제3차 한류 붐의 수용자들은 TV를 통해 일방적으로 한국 대중문화와 한국사회에 대한 정보를 접한 제1차 한류 붐의 소비자들과는 다른 양상을 보이게 되었다고도 할 수 있다. 여기에는 케이팝 수용자들이 한국어 구사 능력을 획득하게 된 점도 기여하고 있었다. 이들은 단순히 케이팝만을 소비하는 수동적 소비자가 아니라 능동적으로 다양한 채널을 통해 한국 관련 정보에 접촉함으로써 한국사회에 대한 시각을 확장하고 케이팝 이외의 한국 문화 소비의 빈도도 높이고 있는 것이다. 이 과정에서 거시적 관점 형성을 가로 막는 사회적 편견과 매스미디어의 보도 등에 대한 수동적 수용에서 벗어나 비판적 시각이 형성되고 있다. 일본 대학생 케이팝 팬을 대상으로 실시한 한국사회에 대한 인식변화 조사에서 'お互い言い分があると思うようになった(각자의 입장이 있을 것이다)'라는 답변에서 보이는 것처럼, 일본 사회에 형성된 한국에 대한 부정적 인식을 그대로 수용하는 것이 아닌, 각 사회의 사회적 문맥으로 이해하고자 하는 시각이 형성되고 있다는 점을 확인할 수 있다. 사회적 공감 형성과정과의 연결점이라 볼 수 있으며, 기존 연구와 보도에서 지적하고 있는 케이팝이 가져오는 한국사

회, 문화에 대한 인식의 변화는 '표층적 수준에 지나지 않는다'는 점과는 다른 양상을 나타내고 있다고 할 수 있다.

더불어, 케이팝 소비가 일방향적인 문화 수용에 그치는 것이 아니라 다양한 채널에서 정보를 입수하며, SNS 등을 통해 주체적으로 그것을 표현하는 장이 있다는 특징을 가지고 있다. 조사를 통해, 제1차 한류 붐은 한국 드라마를 통해 한국의 정서, 일본에는 사라진 옛 정서를 소비하였다면, 제3차 한류 붐을 이끄는 케이팝 아이돌은 이들에게 압도적인 퍼포먼스와 가창력을 지닌 동경의 대상으로서 자리 잡고 있다는 점을 확인할 수 있었다. 이는 단순히 한국, 한국인 대한 관심에 그치는 것이 아니라, 케이팝 아이돌을 롤모델로 삼으며, 패션과 메이크업, 심지어 그들의 생활양식에도 관심을 가지며 자신 또한 그것을 '표현'하는 행위로 이어지고 있다. 수동적인 문화수용에서 그치는 것이 아닌 표현하는 소비를 통해 다른 팬들과의 소통은 더욱 활발히 이루어지고 있다. 이 점은 미국의 사회학자 윌리엄 그레이엄 섬너(William Graham Sumner)가 주장한 취미, 취향이 같은 사람끼리의 결속감과 그 사람들과 행동을 공유하고 있다는 점이 그 집단을 내집단으로 인식하게 되는 것과 연관이 있다고 해석할 수 있다. SNS를 통해 전 세계 팬과 소통이 가능하게 되었으며, 이 과정에서 이들의 공감 가능성 또한 증가하게 된다. 국가적 차원의 내집단과 외집단의 구분에 고정되는 것이 아닌, 자신의 문화적 취향과 관련된 문화적 차원의 내집단의 인식이 국가적 차원에서 형성된 적대적 인식에도 영향을 미치며, 그들 간에 공감 형성이 이루어지고 있다는 점을 확인하였다.

이와 같이 기존 제국주의적 관점에서 한국사회와 문화를 바라보던 시각에서 바뀌어, 한국 아이돌을 롤모델로 인식하고, 언론과 SNS상에서 난무하는 혐한적인 메시지에 대해서도 비판적인 시각을 형성하고 있음을 보여 준다. 즉 정치적으로 조성된 한일 갈등과 내셔널리즘이 케이팝을 매개로 하는 제3차 한류 붐을 통해 양국 문화에 대한 이해를 변화하였고, 이는 두 사회 간에 형성된 간극이 문화적 공통점을 공유함으로써 사회적 공감으로 바뀔 수 있음을 보여 준다. 이 연구 또한 한류가 적대적인 집단 간 상호 공감을 형성할 수 있는 토대를 마련할 수 있다는 점을 보여 준다.

## 4. 열린 공감 연습하기

열린 공감(open empathy)은 소위 '일반화된 타자'에 대해 공감하려는 경향이다. 즉 우연히 길거리에서 마주친 사람들, 버스에서 부딪치는 사람들, 엘리베이터에서 만난 사람들에 대한 공감적 태도라 할 수 있다.

엘리베이터 이야기가 나왔으니 먼저 필자의 경험을 나누면서 논의를 전개하고자 한다. 필자의 집은 아파트 15층이다. 필자는 집에서 나와 엘리베이터를 타고 주차장으로 갈 때면 항상 마음속에 갈등이 있다. 엘리베이터에서 만나는 사람과 인사를 해야 할지, 말아야 할지… 인사했을 때, 상대방 주민이 잘 받아주면 기분이 좋아지지만, 전혀 대꾸가 없는 사람을 만나게 되면 머쓱함을 넘어 좌절감 비슷한 것을 느끼게 된다. 필자의 경험상, 인사를 받아주는 비율은 한 50% 정도이다. 반대로 50%는 상대방이 별 대꾸를 안 한다는 것인데, 그중 여성이 비율이 높다. 왜 그럴까? 이것은 앞장에서 설명한 우리 사회의 불신적 상황과 관련이 있다. 즉 인사를 받아주었을 경우 상대방과 의도치 않은 관계에 메일 수 있다는 것에 대한 꺼림이 있는 것이고 이것은 특히 여성일 경우 더 높을 수 있다. (실제, 필자의 친척 여성 중에 대리운전 기사에게 평소 사람들을 대할 때와 같이 친절하게 응대하였다가 그 대리기사로부터 몇 번이나 만나자는 전화를 받아 곤욕을 치른 경험이 있었다.)

이와 대비되는 미국의 생활문화를 소개하고자 한다. 필자가 25년 전 처음으로 미국 생활을 하면서 놀란 것이 길거리에서 만나는 사람들의 인사였다. 대부분 '하이(Hi)'라는 짧은 인사였지만, 눈만 마주치면 모두 '하이'라고 아는 척을 했다. 처음에는 혹시 전에 본 적이 있는지 고민했던 적도 있었다. 엘리베이터에서는 인사하는 것을 넘어 몇 층에 가느냐고 물어보고 직접 층을 눌러준다. 건물에 들어갈 때는 문을 닫기 전에 항상 뒷사람이 있는지를 살피고, 심지어 뒷사람이 10m 뒤에서 오고 있다 하더라도 문을 잡고 기다려 준다. 이 글을 읽는 독자 중에는 필자의 친미적인 태도에 거북한 사람들이 있을 수 있는데, 필자는 이런 습관들이 미국인들이 선천적으로 우리나라 사람보다 예의 바르기 때문에 생긴 문화라고 생각하지 않는다. 이것은 미국이 근대사회를 만들어 나가는 과정에서 여러 시행착오 속에서 일상생활 속의 갈등을 줄이기 위해 형성한 문화이다. 물론 이러한 문화는 이전투구의 사회에서는 형성되지 않는다. 미국이나 기타 서구의 국가들이 이러한 문화를 형성한 것은 이제 근대화 과정의 격변기를 거쳐 안정적이고 제도적으로 신뢰가 높은 사회가 되었기에 가능했던 것이다.

신뢰가 낮은 상황에서 발생하는 또 다른 현상은 '미안하다'는 말을 잘 안 하는 것이다. 이것은 항상 '스미마셍(すみません, 미안합니다)' 이란 말을 입버릇처럼 달고 사는 일본 사람과 비교가 된다. 또 미국 사람들도 '익스큐즈미(Excume me, 실례합니다)'라는 표현을 입에 달고 산다. 물론 이 경우의 '스미마셍'이나 '익스큐즈미'는 미안하다는 표현보다는 남에게 불편한 일이 발생할 때 하는 말이다. 예를 들어 길을 가다가 남을 지나서 가야 할 경우, 또는 차 안에서 다른 승객들 사이로 지나가는 경우에 쓰는 표현이다.[20] 필자가 우리나라에서 지하철을 탈 때마다 느끼는 것은 다른 사람과 부딪치면서 통로를 지나가는 승객들이 미안하다는 표현을 거의 안 한다는 것이다. 여기서 다시 누군가는 이것이 단지 문화적 차이라고 말하면서 필자의 생각을 미국이나 일본을 칭송하고 한국을 낮추는 것이라고 반감을 가질 수도 있겠다. 하지만 필자는 미국 사람이나 일본 사람이 더 예의 바르다고 말할 생각은 없다. 다시 말하지만, 필자는 이 차이가 근대화 과정에서 한국사회가 겪어야 했던 불신적 상황의 결과라고 생각한다. 즉 앞의 엘리베이터 상황과 마찬가지로 여기서도 타인과 최소한의 대화를 통해 연결되는 것이 꺼려지는 것이다.

논의를 조금 더 전개해 보자. 앞의 미안하다는 표현은 일반화된 타자와의 관계 속에서 미안하다고 말하는 상황이었다면, 그보다는 더 친밀한 관계 속에서도 사소한 실수로 미안하다는 표현을 할 상황이 발생할 수도 있을 것이다. 예를 들어 대화 중에 말실수로 상대방의 마음을 상하게 한다든지, 직장 내에서 실수로 동료에게 사소한 폐를 끼친다든지 등 정말로 미안하다고 말을 해야 할 큰 잘못이 아니라 사소한 미안한 감정이 생기는 경우를 가정해 보자. 그런 경우 우리나라 사람들은 미국 사람들보다 '미안하다 또는 죄송하다'라고 말하는 경우가 적다. (아, 또 친미주의적 태도라고 비난하는 독자의 표정이 보이는 것 같다.) 왜 그럴까? 우리나라 사람들이 미국 사람들보다 미안함을 모르는 후안무치의 사람들이어서 그럴까? 전혀 그렇지 않다. 여기서도 사회의 불신적 상황이 작용한다. 먼저 미국의 상황을 보자. 대화에서 '미안하다(I am sorry)'를 상대방이 하면 거의 자동적으로 내가 할 말은 '괜찮아(That's OK)'이다. 사회학자로서 필자는 미국에서 이러한 대화 문화가 형성된 것이 미국인이 관용적이기 때문이라고 생각하지 않는다. 이러한 대화 문화가 정착되기 위해서는 사회적 안정이 필요하다. 이전투구의 사회적 상황에서 이러한 대화 문화가 발생할 수는 없다. 근대화 과정을 완성하고 풍요롭고 안정된 사회체계를 오랫동안 유지해 온 미국이기에 이러한 대화 문화가 형성되었다고 할 수 있다. 그래서 미국 사람들은 내가 '미안하다'고 할 때, 상대방이 대부분 '괜찮다'라고 대답할 것을 알기에 그 표현을 쉽게 쓸 수 있는 것이다. 반면에 우리나라의 경우, 내가 미안하다고 말했을 경우 '괜찮아'라는 답을 들을 것에 대해 확신할 수 없다. 여전히 급변하는 사회적 상황에서 아직 그러한 대화 문화가 확립되지 않았기 때문이다. 더 나아가 우리나라에서는 내가 '미안하다'고 하면 상대방은 그것을 빌미로 자신의 이익을 주장할지도 모른다는 불안감도 있다. 미국 사람의 경우는 내가 미안하다고 했을 때, 상대방이 그것을 받아주지 않는다면 그것은 상대방이 문화적 규칙을 깬 것이고 상대방에 대해

행복을 키우는 공감 학습

주변 사람들이 비판할 것이라고 생각한다.

여기서 중요한 것은 열린 공감의 부재가 계속해서 사회적 불신을 유지할 수 있다는 것이다. 우리가 일상생활에서 만나는 일반화된 타자는 여전히 모르는 사람, 심지어 위험한 사람이라는 인식하는 한, 사회적 불신은 해결되기 어렵다.

필자의 논의를 요약하자면, 그림 1.23과 같다.

필자가 열린 공감 연습하기에서 제안하고자 하는 것은 먼저 우리 사회의 변화에 대한 인식이다. 즉 이제 우리 사회도 어느 정도 안정기에 들어섰기에 지난 압축적 근대화 과정에서 나타났던 불신적 경향이 많이 해소되었다고 인식해야 한다는 것이다. 물론 아직도 우리 사회는 너무나 빨리 변하고 있지만, 그것은 대부분 기술의 변화에 따른 변화이다. 기본적으로 우리 사회는 선진국 대열에 합류하였고, 과거처럼 일 년에 10% 이상의 GDP 성장을 보이는 것이 아니라 안정적인 성장세를 보이고 있으며, 그에 따라 어느 정도 제도에 대한 신뢰를 달성하였다. 파슨스(Parsons)의 사회체계론에 따르면 경제와 관련된 영역이 가장 먼저 변하고 문화 영역이 가장 늦게 변한다. 그러기에 우

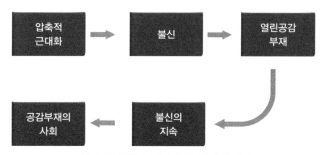

그림 1.23 열린 공감과 공감 부재의 관계

리사회는 경제는 거의 선진국인데, 선진국이 보여 주고 있는 안정된 사회의 문화, 열린 공감의 문화는 아직 나타나지 않았다고 할 수 있다. 여기서 열린 공감의 문화를 의식적으로 활성화시킨다면 감소하고 있는 사회적 불신을 더 급속도로 떨어뜨릴 수 있을 것이다. 그 결과는 '공감 부재의 대한민국'에서 '사회적 공감의 대한민국'으로의 변화일 것이다. 바로 그림 1.24와 같은 변화가 발생할 수 있다.

열린 공감을 위해서는 일상생활에서의 일반화된 타자에 대한 관심을 높여야 한다. 즉 아침에 엘리베이터에서 만나는 주민과의 인사와 관심, 길거리에서 만난 사람들에 대한 관심, 모임에서 처음 만나는 사람에게 다가가기 등이다. 우리나라 사람들이 특히 어색해 하는 것이 파티에서 처음 만나는 사람들과 사귀기이다. 미국의 일상생활에서는 집에서 수십 명 이상 모이는 파티가 자주 열리고 파티에 참석하는 사람에는 아는 사람도 있고 모르는 사람도 있는데, 모르는 사람과 자연스럽게 대화하는 장면이 나온다. 우리나라 사람의 경우 그러한 파티에 참석하면 주로 자기가 아는 사람들과 같은 식탁에 앉고 파티 내내 그들과만 이야기하다가 끝내기 일쑤이다.

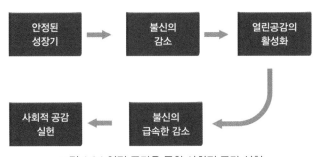

그림 1.24 열린 공감을 통한 사회적 공감 실현

행복을 키우는 공감 학습

필자의 연구소와 '공감하는 사람들'이라는 공익 법인이 함께 실천하는 운동이 앞에서도 말한 '공감식탁' 운동이다. 이를 통해 처음 만나는 사람의 이야기를 듣기 위해 노력하고, 자신의 생각을 전하려고 노력하는 과정에서 열린 공감의 문화가 향상되기를 기대한다.

## 5. 공감 학습을 위한 제도적 개선: 이중 경제의 해소

지금까지는 공감 학습을 위한 개인적인 영역을 설명했다면, 시민들의 공감 학습을 위한 제도적 개선도 필요하다. 공감 학습을 위해 여러 제도적 개선책이 필요하지만, 필자는 이중 경제(dual economy)의 해소가 가장 선행되어야 한다고 생각한다.

이중 경제란 한 사회 내에 두 가지 다른 경제 부문이 존재하는 체제를 말한다. 즉 한 부문은 매우 국제 경쟁력이 높은 반면, 다른 부문은 후진적이며 열악한 상태를 말한다. 우리나라를 사례로 든다면, 대기업과 중소기업의 차이가 정확히 이중 경제의 모습을 보인다고 할 수 있다. 우리나라는 대기업은 국제적으로 매우 경쟁력이 높은 반면, 중속 기업은 대기업과 비교할 때 모든 면에서 열악한 상황에 처해 있다. 더 중요한 것은 이중 노동시장이다. 즉 우리나라 대기업 사원들은 임금과 복지혜택(fringe benefit)에서 중소기업 사원들보다 월등히 좋은 대우를 받고 있다.

공감 학습을 위한 제도적 개선에서 왜 갑자기 이중 경제의 해소를 말하고 있을까? 이것은 필자의 졸저 『레드퀸 레이스의 한국 교육』에서도 설명한 바 있는데, 한국의 교육이 정상화되기 위한 가장 근원적

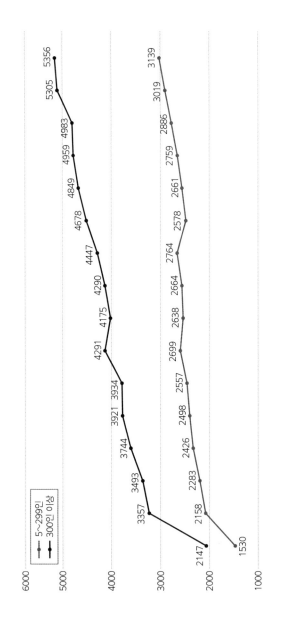

그림 1.25 사업체 규모별 월평균 임금 총액(단위: 1000원)

출처: e-나라 지표, 고용고동부 사업체 노동력조사

해결책이 이중 경제의 해소에 있기 때문이다. 필자는 그 책에서 왜 우리나라 사람들이 그토록 교육열이 높은지를 질문하였다. 그 대답은 한 인간의 교육이 중요해서가 아니라, 단지 좋은 대학에 입학하기 위해 교육이 필요하기 때문이라는 것이었다. 공교육과 사교육의 모든 과정이 좋은 대학에 입학하려는 목적에 따라서 행해진다. 심지어 우리 사회에서 청소년이 피아노를 배우거나 미술을 배우는 것은 피아노나 미술을 통해 그들의 예술적 능력을 높이고 종합적인 소양을 함양하기 위해서가 아니라, 단지 좋은 음악 대학이나 미술 대학에 가기 위한 것이 일반적인 현상이다. 그러면 왜 우리나라 사람들은 좋은 대학에 들어가려고 모든 수단을 동원하려 하는가? 그 이유는 단 하나이다. 좋은 직장에 취직하고 싶어서이다. 우리 사회처럼 이중 경제가 강한 사회에서는 당연히 대기업을 선호하게 되는데, 대기업의 신입사원 정원은 매우 제한적이므로 대기업에 들어가기 위해서는 좋은 대학의 졸업장이 필요하기 때문이다. 여기서 좋은 대학 졸업장은 자기 자신의 능력을 보여 주는 것임과 동시에 연줄로도 작용하면서 대기업 입사뿐 아니라 그 후의 사회생활에서도 도움이 된다고 여겨진다. 따라서 좋은 대학에 들어가기 위해서는 중고등학교, 심지어 초등학교 때부터 대입을 위한 교육을 받아야 한다. 그러니 모든 교육 과정에서 대입을 위한 교육 내용이 우선되고 청소년기에 당연히 습득해야 하는 타인의 말 경청하기, 자기 의견을 논리적이면서도 겸손하게 표현하기 등과 같은 공감 학습의 시간은 거의 없는 것이다. 그림 1.26은 이 과정을 보여 준다.

이중 경제의 해소는 대기업 중심의 취업 시장을 바로 잡을 것이고

그림 1.26 이중 경제와 공감 교육의 부재

그것은 대학입시 위주의 교육에 변화를 가져올 것이다. 그때, 비로소 공교육에서 공감 교육이 활성화될 수 있다. 우리 사회에서 공감을 높이기 위한 여러 방법보다 늦지만 가장 확실한 것이 교육을 통한 공감 학습이다.

이 책 후반부가 공감 교육만을 다룬 것도 바로 그 때문이다.

행복을 키우는 공감 학습

# 제2부
# 공감 교육의 특성과 사례

# 제4장. 공감 교육의 정의와 내용

## 1. 공감 교육의 정의

친한 친구나 방금 얼음 위에서 미끄러진 사람처럼, 당신과 가장 비슷하거나 가장 가까이 있는 사람의 경험을 상상하는 일이 제일 쉬울 것이다. 하지만 영화나 책으로 나온 이야기, 한 다리 건너서 듣는 설명처럼 상상과 재현을 통해 저 먼 곳에 있는 사람들의 삶 속으로 떠나 보는 일도 가능하다. 이런 상상을 통한 들어감은 구체적인 대상을 가정할 때 가장 잘 이루어진다. 굶주리는 어린이 한 명의 입장은 쉽게 상상이 되지만 수백만 명이 굶주리고 있는 지역을 상상하는 것은 쉽지 않다. 하지만 가끔은 한 사람의 이야기가 더 큰 영역으로 들어가는 입구가 되어 주기도 한다.

솔닛, 2016, 285

리베카 솔닛(Rebecca Solnit)은 『멀고도 가까운: 읽기, 쓰기, 고독, 연대에 관하여(The Faraway Nearby)』에서 공감(empathy)은 자신의 테두리 밖으로 살짝 나와 타인의 삶의 미로(path)를 여행하는 상상력의 미덕이라고 하였다(솔닛, 2016, 284-287).[21] 타인의 상황을 이해하는 공감은 타인의 좋음(good)에 관심을 두는 윤리적 태도로 이어진다는 점에서 실천적 가치를 지닌다. 같은 맥락에서 철학자 마사 누스바움(2013)은 공감의 공적 가치를 강조한다. 흔히 스토리텔링과 문학적 상상을 통해 증진되는 공감은 이성, 합리성, 논리적 사고의 대척점에 있는 감정의 영역이므로 공적 담론으로부터 멀리 있어야 좋다고 보기 쉽지만, 오히려 공공을 위한 필수 요소를 제공한다는 것이다. 그리고 그러한 이유로 사회 발전, 법률, 정책 등 우리 사회의 공적 영역을 다루는 모든 교실 안에서는 인간 존재의 의미와 삶의 신비함에 접근할 수 있는 문학 토론을 통한 공감 능력의 계발이 반드시 이루어져야 한다고 역설하였다.

공감은 타인의 역할을 해 보고 대안적인 조망을 해 볼 수 있는 능력이며, 자신과 같은 생각을 하지 않더라도 그럴 수 있다고 인정하고 수용하는 것, 타인의 고통에 관심을 기울이고 그에 적절히 반응하는 것을 의미한다(Hoffman, 2000). 그리고 공감 능력은 자신의 감정이 어떠한지 이해할 뿐 아니라 타인의 상황이나 정서 상태를 인식하고 수용하여 정신적 교감의 과정을 같이 나눌 수 있는 능력이며, 더 나아가 친밀한 유대관계 형성으로 사회관계를 발달시키고, 다른 사람을 존중하고 이해하며 문제를 해소해 줌으로써 사회관계를 더욱 확고하게 할 수 있는 능력이다. 따라서 공감 능력은 원만한 대인관계를 형성하는 데 중요한 복합적 매개가 될 뿐 아니라 사회적 유대관계를 긍정적인 방향으로 형성하기 위해 반드시 필요한 능력이며, 타인의 정서적 상태를 알아채고 이해하며 반응하는 것이기 때문에 사회적 상호작용에서 결정적인 역할을 한다(Batson, 1990; Covey, 2004; 고든, 2017). 결국 공감 능력은 개인주의적 욕구에 기초하여 치열하게 경쟁하는 현대사회, 4차 산업 혁명을 통한 예측 불가능한 미래사회의 인간관계에서 필수적인 능력이라 할 수 있으며, 궁극적으로는 개인과 개인 간 문제를 해결하는 의사소통 역량, 그리고 개인과 공동체 간 문제를 해결하는 공동체 역량을 통해 행복한 사회를 조성하는 핵심 요소라고 할 수 있다(Krznaric, 2014).[22]

 타인에게 공감하는 능력은 타고나는 것일까? 아니면 교육을 통해 강화될 수 있는 것인가? 먼저 일군의 학자들은 공감이란 다른 사람과의 관계를 위한 접근 방식 중 하나로서, 다른 사람과 소통하는 기능을 습득하기 전에 반드시 갖추어야 할 '태도'라고 정의한다(Rogers, 1975). 이러한 태도를 갖추기 위해서는 상대방의 관점이나 입장을 이해할 수 있도록 자기중심적 사고를 뛰어넘는 능력을 갖추어야 하는데, 이러한 능력은 저절로 생성되는 것이 아니므로 교육이 필요하다. 또 다른 입장의 학자들은 공감을 '기능'으로 본다. 공감이란 다른 사람의 관점을 이해하고 이를 정확하게 표현해 주는 것으로서, 의사소통의 차원과 관점 취하기로 설명할 수 있다(Carkhuff & Truax, 1965). 따라서 표현 기능의 훈련을 통해 인위적으로 주입할 수 있는 능력이라는 점에서도 기능으로서의 공감 능력 역시 교육 가능하다고 볼 수 있다. 결국 공감을 태도로 보는 입장과 기능으로 보는 입장에 따라 공감 교육의 내용과 방향은 다소 달라질 수 있으나, 공감 능력을 적절한 역할 및 실험의 기회, 즉 사회화 과정을 통해 학습되는 후천적인 속성이라고 본다는 점은 동일하다. 성별, 인종, 전공과 교육 경험, 자존감 등에 따라 공감 능력이 다르다는 점에서 볼 때도, 이는 사회적 환경 및 교육 경험에 의해 영향을 받는다는 것을 알 수 있다(Konrath et al., 2011; Segal et al., 2012).

이와 같은 공감 능력의 특성을 반영하여 공감 교육을 정의하면, "학교 구성원의 다양한 관계에 기반하여, 학습자의 핵심역량 함양에 기여하는 공감 능력의 신장을 위한 지속적이며 체계적인 교수·학습 활동"으로 정의할 수 있다(동효관 외, 2020). 따라서 공감 교육은 학생의 공감 능력을 구성하는 요소와 더불어, 학생의 공감 능력 신장에 관심과 열의를 가지고 공감 교육을 설계하고 실행하는 교사의 역량, 상호 존중과 신뢰, 협력 등 학습자 간 관계에 영향을 주는 교실 분위기, 학교 구성원 간의 협력적 관계나 학부모와의 소통 등 학생을 둘러싼 사회적 구성요소들의 영향을 받는다고 할 수 있다. 공감 교육을 통한 공감 능력의 증대는 교우관계 증진 및 갈등 해결에 긍정적 영향을 미치며(Guerney, 1977), 학생 간 공격 행동의 감소·억제에도 도움이 된다(박선호, 2005; Feshbach, 1987). 또한 사회적 능력으로서의 공감과 개인의 자존감 및 행복감, 학습 능력은 상호 발달하는 관계에 있다(고희갑, 2014; 박성희, 1994; Hoffman, 1982).

그렇다면 공감은 구체적으로 언제부터 생기고 언제부터 학습될 수 있을까? 20세기 중후반에 활동한 스위스의 저명한 아동발달 전문가장 피아제(Jean Piaget)는 8~9세가 되어야 공감의 표현이 가능하다고 했다. 그러나 최근 연구에 따르면, 생후 1년 정도가 지나면 타인의 감정에 적절하게 대응하기는 어려울지라도 타인도 자신처럼 감정을 느낀다는 점은 인식할 수 있다고 본다(Riess & Neporent, 2018). 즉 연령에 따라 공감 능력의 발달단계가 달라지는데, 출생 직후부터 총체적인 공감 능력이 형성되며, 만 2~3세부터는 나의 감정과 타인의 감정이 다르다는 사실을 인식하고 이에 다양하게 반응하면서 본격적으로 공감 능력이 발전한다(표 2.1). 결론적으로 인간의 공감 능력은

표 2.1 호프먼의 공감 능력의 발달 단계

| 단계 | 연령 | 특성 |
| --- | --- | --- |
| 총체적 공감 (global empathy) | 출생~ 12개월 | • 비자발적이고 무의식적인 공감이 나타나며 공감을 인식하지 못한다.<br>• 타인의 고통을 보고 공감적 고통의 반응을 보인다(예: 넘어져 우는 아이를 보고 따라 운다). |
| 자기중심적 공감 (egocentric empathy) | 만 1~2세 | • 대상영속성이 있으며 자신과 눈에 보이는 타인을 분리한다.<br>• 다른 사람을 인식하지만 타인의 내적 상태를 잘 모르고 자신과 같을 것이라고 추측한다.<br>• 타인의 불편한 상태를 자신의 내적 상태에 비추어 반응한다(예: 넘어진 아이를 그 아이의 엄마가 아닌 자신의 엄마에게 데려다 준다). |
| 타인 감정에 대한 공감 (empathy for another's feeling) | 만 2,3~ 10세 | • 타인의 감정이 나와는 다르다는 것을 깨닫기 시작하고 각자 자신의 요구와 욕구가 있다는 것을 알게 된다.<br>• 타인의 감정에 대해 더 많은 반응을 한다.<br>• 언어를 획득하여 복잡한 감정들을 폭넓게 반응하게 된다. |
| 타인 삶의 조건에 대한 공감 (empathy for another's life condition) | 만 10세~ 성인 | • 자신과 타인을 다른 역사와 정체성을 갖고 있는 독립된 존재라는 것을 안다.<br>• 즉각적인 상황뿐만 아니라 삶의 전체적인 경험 속에서 타인의 다양한 감정을 인식한다.<br>• 가장 발달된 형태의 공감이다. |

영유아기 때부터 집중적으로 교육 및 강화되어야 한다고 볼 수 있다.

그렇다면 사회화의 기반을 이루는 공감 교육은 어떻게 진행되어야 하는가? 공감은 주로 상담과 심리치료의 영역에서 언급되던 교육목표였으나, 최근 사회 일반의 관심사로 확대되고 공감의 교육과 훈련에 대한 필요성이 강조되면서 공교육의 교과과정·비교과과정에 공감의 함양을 강조하는 교육이 시도되고 있다. 그렇지만 아직은 공감교육이 교육 현장의 정규 프로그램으로 안정화되었다고 보기는 어렵다(박성희, 2004). 따라서 공감 교육의 국내외 현황을 정리하는 작업은 공감 교육의 현주소를 점검할 뿐만 아니라 향후 학교 교육 프로그램의 핵심이 공감이라는 사회적 감정에 기초해야 한다는 지향점을 제공한다는 점에서 중요한 의미가 있다고 할 수 있다.

### 2. 공감 교육의 방법

공감은 고립된 상태에서 배울 수 있는 것이 아니라 상호 관찰되고, 모방되고, 실천되는 과정을 통해 형성되는 사회적 산물이다. 아이들의 상호 취약성(vulnerability)이 인정되는 '안전한 공간'인 교실 안에서 아이들은 자신의 감정을 솔직하게 표현하고, 상호 격려하고, 사회적 감정을 형성해 나가면서 더욱 발전하게 된다. 즉 공감을 실천하는 공간으로서의 교실은 교육적 자산, 그 자체라고 할 수 있는 것이다(Garnett, 2017, 26).[23]

교실에서 이루어지는 공감 교육은 크게 두 가지 양상을 보인다(박성희, 2004, 346-348). 첫째, 역사, 사회, 국어 등 교과과정을 가르치는 방법의 하나로 공감을 활용하여 학습의 효과를 증대시키는 경우이다. 예를 들어 역사에 대한 이해는 단순히 역사적 인물과 자신을 동일시하거나 동정적 관심을 가지는 데서 그치는 것이 아니라, 역사적 사실이 형성되는 과정에 대한 지적 상상력과 정서적 감응력이 결합될 때 비로소 가능하다. 따라서 역사 과목의 학습 과정에서 공감의 활용은 필수적이다. 둘째, 공감의 함양을 목표로 하는 교과목을 개설하여 공감을 가르치는 방식이다. 예를 들어 문학작품을 읽고 자신의 감정을 깊이 있게 살피고, 그 감정을 숨기지 않고 표현하는 기회를 통해 공감을 계발하는 수업을 들 수 있다(Kehret, 2001; Miller, 2000).

이와 같은 두 가지 방식의 차이는 명확하게 이분화하여 설명하기는 어렵다. 고렐(Gorrell, 2000)은 시를 학습하는 과정에서 시인 또는 감상자가 다양한 시적 자세를 취할 것—예컨대 묘사하고, 주시하고, 곰곰이 되씹고, 표현하는 행위를 통해 주제의 영혼과 느낌 '속으로 들어갈' 것—을 요구한다. 시에 대한 학습과 공감적 과정은 불가분의 관계를 형성하게 되며, 이렇게 시를 쓰거나 이해하는 과정의 한가운데 공감이 놓인 상황은 시를 통해 공감을 가르치는 것인지 공감을 통해 시를 가르치는 것인지 구분을 모호하게 한다. 다시 말해 교과목 학습에 공감의 방법을 이용하거나 공감을 가르치는 교과목, 모두 공감 교육의 방법이라 할 수 있다.

그렇다면 공감 교육의 방법은 구체적으로 어떻게 이루어지고 있는가? 이에 답하기 위해 공감 능력 함양을 위한 교수·학습 활동을 살펴보면 대표적으로 독서와 토론, 예술적 표현, 환경체험 등을 들 수 있다. 이를 순서대로 살펴보면 다음과 같다.

## (1) 독서와 토론

공감 교육 프로그램으로 가장 많이 언급되고 있는 교수-학습 활동은 문학을 통한 교육이다. 대다수 학자가 소설을 읽고 토론하는 경험이 공감 능력 함양에 효과가 있다고 강조하는데, 등장인물을 통해 이전에는 생각하지 못했던 문제를 상상하고, 그에 관해 토론하면서 문제의 맥락을 이해하게 되어 더 나은 삶의 방식을 찾을 수 있다는 것이다(누스바움 2013; 바우만 외 2018; 스미스 2009; 정수복 2015; 2019 등). 더불어 감정, 이성, 마음에 관련된 총체적 사유이자 표현인 글쓰기가 이어진다면 공감 능력은 더욱 향상된다. 특히 1인칭·3인칭 관찰자·전지적 작가 시점 등 다양한 관점에서 글을 쓰는 경험을 통해, 나와 다른 정체성을 가진 자가 되어 그 생각과 행동을 더욱 공감하는 계기를 마련할 수 있다(바우만 외, 2015).

문학을 통한 공감 교육은 특히 영아기에는 그림책을 통해, 그리고 유아기에는 동화 속 주인공 또는 등장인물에 스스로 동일시하는 가운데 상상력, 사고력, 창의력, 언어 능력 및 심미적 감상력을 기르고 그 느낌이나 판단에 대해 기쁨, 슬픔, 공포, 분노 등을 느끼면서 삶을 배우고 타인에 대해 공감하며 더 나아가 도덕성을 발달하게 된다. 읽은 내용에 관해 토론하거나 그 내용을 직접 극화 혹은 재구성하는 과정 역시 타인의 생각과 표현의 다름을 인정하고 타인에 대한 감정 이입 능력을 신장시켜 공감 능력이 향상되고 이타적 사고를 경험하게 된다(Ellenwood & Ryan, 1991).

문학이라는 매체를 이용하지 않더라도 학생들에게 특정 주제를 제시하고 그에 대한 토론을 통해 수립한 규칙, 약속, 협동, 협력 등에 기초하여 단체활동을 수행하면서 공감을 계발하는 프로그램도 있다. 예를 들어 유아들의 경우, 토론 수업을 통해 언어표현력과 이해력, 자기조절력, 또래 상호작용 행동, 비판적 사고력을 신장시킬 수 있으며, 토론을 통해 상대의 잘못을 따지고 지적하는 것이 아니라 공감을 통해 더 나은 논리적인 해결방법을 도출할 수 있게 된다. 토론에 참여하는 자들은 제시된 갈등 상황을 인식하고 타인의 감정과 상황에 대해 공감하고 입장을 정해 토론을 하는 과정에서, 자신과 같은 경험이나 생각을 하는 타인에 대해 공감하고, 자신과 다른 사람의 입장에 서서 그들의 경험 및 고민에 대해 새로운 감각을 가질 수 있는 능력을 기르게 된다(Brookfield & Presskil, 2008). 또한 공감 능력을 향상시키는 토론 방법으로 게임을 적극적 활용하기도 한다(류현정, 2008; 김해연, 2009; Barak, 1990). 또한 정해진 규칙을 공정하게 적용하고 승부의 결과에 승복하는 과정을 통해, '우리'라는 공동체 의식과 소속감, 함께 활동하며 느끼는 행복감, 그리고 원만한 또래 관계가 형성된다. 이렇게 지식이 중심이 되는 토론이 아니라 공감과 소통이 중심이 되는 토론이 되어야 본질적으로 가치관의 변화가 일어나고 행동의 변화를 가져올 수 있다.

### (2) 예술적 표현과 체험

학생들은 자신의 예술적 감각을 통해 생각을 자유롭게 표현하는 과정에서 공감 능력을 함양할 수 있다. 그러한 프로그램으로 미술 활동, 음악 활동(악기, 노래 부르기), 신체 표현 활동(극, 감정, 춤), 요리 활동(다양한 재료로 오감을 발달시킴) 등을 들 수 있다. 예를 들어 미술 활동은 자신의 생각과 마음을 다양한 방법으로 표현할 수 있으며, 이러한 감정의 표현을 통해 긍정적인 사회적 행동을 학습할 수 있다 (유행관, 2011). 또한 다양한 미술 자료의 특성을 함께 탐색하고 모둠끼리 서로 나누어 사용하는 과정에서 생각과 표현의 공유를 통해 공동체 의식을 함양할 뿐만 아니라 구성원이 이질적인 집단 속에서 친사회적 행동을 도모할 수 있다는 점에서 미술 활동은 공감 능력의 증진에 영향을 줄 수 있다(전효정, 2012). 미술 교육은 보고, 느끼고, 생각하는 인간의 내면을 자유롭게 표출할 수 있게 한다는 점에서 효율적인 공감 능력 계발 수단으로 인식되고 있으며, 읽기와 글쓰기, 음악 등의 타 교과 과정과도 긴밀히 연결될 수 있는 통합교육 형태로 운용되는 것도 효과적이라고 본다.

음악의 경우 멜로디, 화성, 리듬, 다이내믹 등의 음악적 요소들은 인간의 정서를 표현하고 타인을 이해하는 데 효과적이며, 인간의 정서를 만들어 내기도 한다(정현주, 2005; Gomez & Danuser, 2007). 다양한 음악 활동은 정서를 안정시킬 뿐 아니라, 타인과 소통하고 공감하는 능력을 길러 주며, 유아기부터 본능적으로 음악에 반응하여 노래하고 춤추고 연주하며 음악적으로 표현할 수 있는 능력을 소유하고 있다는 점에서도 음악 체험은 공감적 의사소통의 증진을 위한 교육적 효과를 보인다고 할 수 있다(이나경, 2011). 특히 노랫말 채우기와 같은 음악-놀이의 연계를 통해 유아는 자신의 생각과 의견을 쉽게 표현할 수 있고, 자신과 타인의 감정을 인지하는 경험을 할 수 있다(Baker & Wigram, 2008). 또 다른 예로 음악극 활동은 다양한 삶을 경험하고, 타인의 경험을 이해하고 의사소통하며, 예술적인 경험을 통해 느낌과 생각을 표현하고, 창의적으로 사고하며, 통합적인 예술적 경험의 기회를 마련한다(이효숙, 2001). 이렇듯 예술적 경험은 상상력과 사고력을 자극하여 체험자의 흥미를 유발하고 다양한 상황을 간접적으로 느끼는 경험을 하도록 해 주어 사회에서 함께 살아갈 수 있는 역량을 길러 주고, 사회화의 기초적 단서를 제공한다는 점에서 효과적인 공감 교육 방법이라고 할 수 있다.

### (3) 환경 체험을 통한 교육

주입식 교육, 미디어의 발달 등의 학습 환경에서 학생들은 스스로 생각할 힘을 점점 더 잃어 가는 상황이다. 이 문제를 완화하기 위해 최근 자연 친화적인 교육을 강조하려는 노력이 보인다. 우리나라의 경우 1970년대부터 자연 친화 교육의 일환으로 환경교육이 시작되었으나, 본격적으로 환경 교육에 관심을 가지기 시작한 시기는 1990년대 이후이다. 2000년을 전후로 다양한 자연 체험 위주의 프로그램이 계발되었으며, 최근 누리과정에서도 자연 교육을 강조하고 있다.

특히 자연의 아름다움을 느끼면서 배울 수 있는 숲 체험활동에 대한 관심도 커지고 있다. 숲 체험활동은 자기정서와 관계가 높고, 타인의 정서 인식 및 배려를 높일 수 있으므로 유아 및 아동·청소년 정서 발달 및 사회성 향상에 필요한 프로그램이라 할 수 있다. 시냇물 소리, 새들의 노랫소리, 바스락거리는 나뭇잎 소리 등을 통해 자연 속 놀이의 즐거움과 의미를 배운 아이들은 오감을 활용해 자연물을 느끼며 창의력을 키우고 풍부한 감성을 통해 정서를 발달시키고 더 나아가 주변 세계에 대한 기본적인 신뢰감을 쌓아갈 수 있다(이선미,

2017). 숲을 활용한 체험 교육이 대두되면서 국내에서도 정부 및 지자체, 단체, 개인, 유치원, 초·중·고에 이르기까지 다양한 형태로 숲 체험 관련 프로그램을 진행하고 있다(김연숙, 2012). 국공립 숲 유치원은 산림청과 지자체의 국유림과 자연휴양림, 시유림, 수목원, 공원 등의 자연생태 자원을 활용한 유아의 자연 체험 교육을 이끌고 있으며, 사립 유치원은 국유림, 시유림, 고궁 등을 활용하여 숲 유치원을 운영한다.

## 3. 공감 교육의 모델

### (1) 메리 고든의 '공감의 뿌리'

캐나다의 초등학교 교사였던 메리 고든(Mary Gordon)은 수년간의 경험 끝에 약자 괴롭히기, 폭력, 따돌림 현상 등 학교에 만연한 모든 문제는 공감 능력의 결핍으로부터 시작되는 것이라고 분석하고, 공감을 아이들에게 교육하기 위해 1996년에 '공감의 뿌리(Roots of Empathy, ROE)'라는 프로그램을 개발·적용하였다. 이는 자기감정을 있는 그대로 드러내고 자기 영역에 들어온 사람들을 아무 선입견이나 차별 없이 대하는 아기로부터, 사람과 사람이 공감하고 소통하는 방법을 배운다는 측면에서 '아기가 곧 교사'라는 아이디어에 기반하여 시작된 프로그램으로, 직접적·구체적·실용적인 방식의 가장 대표적인 공감 교육 프로그램으로 꼽히고 있다. 교육기관이 속한 지역에 사는 갓난아기와 어머니를 교실로 초대하여, 아동들은 한 학년 동안 아기-부모 간 소통하는 모습을 관찰하고 아기의 발달과정에 참

행복을 키우는 공감 학습

그림 2.1 공감의 뿌리
출처: rootsofempathy.org

여하는 과정을 경험함으로써 자신의 감정과 다른 사람의 감정을 이해하는 감성 능력을 키우고, 다른 사람의 관점에서 이해하는 방법을 배우게 되며 남을 돌보는 능력을 갖추게 된다.

교육의 목표 및 대상

이 프로그램은 감정처리와 사회이해가 아동의 대인관계와 사회 행동에서 중요한 역할을 한다는 발달심리학의 연구와 이론을 바탕으로 아동의 ① 사회적·감성적 이해 개발, ② 친사회적 행동 격려와 공격적 행동 감소, ③ 인간 발달에 대한 지식과 효과적 자녀 양육 기회 제공이라는 목표를 가진다(Shipman, Zeman, Penza & Champion, 2000). 공감의 뿌리 프로그램은 다른 사람의 감정을 알아채는 능력, 다른 사람의 감정을 이해하고 설명하는 능력, 다른 사람에게 감성적으로 반응하는 능력을 공감에 꼭 필요한 세 요소로 제안한다. 또 어릴수록 공감 교육 효과가 더 높고 공감 능력의 향상이 지속될 수 있다고 보고 ① 유치원 때 시작하여, ② 1학년~3학년, ③ 4학년~6학년, ④ 7학년~8학년의 총 네 단계 교과과정으로 구성된다.

교육 내용

교육과정은 아기와 부모의 교실 방문 일주일 전에 예비 활동을 하고, 아기와 부모의 방문이 이루어지며, 방문 다음 주에는 아기 방문에서 배운 내용을 토론하면서 주제별로 정리하는 시간을 가지는 순서로 진행된다. 학생들은 아기의 첫해를 지켜보면서 일방적인 강의를 통해서가 아니라 꾸준한 만남에서 얻는 학습 경험을 통해 관계를 형성하는 사회 분위기를 자연스럽게 터득하게 된다.

유아는 교실에서 아기와 부모가 보이는 감정이 생생하게 펼쳐지는 모습을 접하고 그 감정을 찾으려고 노력하면서 자신의 감정과 연관하여 이해하고 표현할 수 있게 된다. 타인의 감정을 이해하게 된 유아는 아기가 보여 주는 행동을 자기 경험과 연결하면서 감정을 표현하는 언어를 배우고 새로운 표현을 사용할 기회를 얻음과 동시에 같은 반 친구의 기분을 이해할 수 있게 되는 것이다. 또한 아기-부모의 관계에서 돌봄과 배려를 경험하게 된 유아는 공감 능력의 핵심인 타인의 감정, 행동, 의도를 이해하고 배려하며 남을 보살필 수 있게 된다. 협력과 소통을 실천하게 된 유아는 친구들과 관계를 맺으면서 서로 돕는 협력이 얼마나 소중한지를 배우고, 서로 소통하고 존중하는 관계에서 힘을 얻는 분위기를 경험하는 기회를 가지게 된다.

교육 효과 및 의의

기존 학내 괴롭힘 문제를 해결하는 방식이 괴롭히는 아이나 괴롭힘을 당하는 아이에게만 초점을 맞추었던 것과는 달리, 공감의 뿌리 프로그램은 교실 전체를 작은 사회이자 변화의 단위로 보고 방관자와 가해자와 피해자 모두에게 사회정의를 실현하자는 메시지를 전달하는 예방 차원의 접근법으로 활용될 수 있다. 다시 말해 유아들이 아기와 부모의 정서적 교류를 눈으로 확인하고, 그것이 주는 따뜻함과 안정감을 통해 유아 스스로의 정서적 안정감을 찾으며, 이를 서로에게 전해 주면서 행복을 느끼는 방식으로 확장하여, 총체적인 공감의 장을 형성하는 과정을 통해 도덕적 책임감이 생겨서 아이들 스스로 괴롭힘 행위를 막을 수 있다는 것이다. 이는 또래 괴롭힘의 발생 연령이 점차 하향 확대되는 우리 사회에서 주목할 필요가 있으며, 인성 및 품성 교육의 결여로 나타날 사회 문제 및 해결 비용을 사전에 방지하는 차원에서도 의의를 찾을 수 있다.

특히 공감의 뿌리 프로그램은 서로 배려하는 따뜻한 교실로 만들기 위해 교사의 역할을 중요하게 본다. 교사는 아이를 한 개인으로 인정하며 함께 의견을 조율하여 문제를 해결하고 창의력을 발휘하도록 도와주는 과정에서 이들의 사회 능력과 감성 능력을 발달시켜 주어야 한다. 즉 지식전달자의 역할보다는 아이들이 편안함을 느끼는 공간을 마련해 주어 문제해결 능력 및 감성 능력을 길러 주는 데 힘써야 한다는 것이다. 즉 교사는 학생과의 믿음, 관심, 배려, 존중, 경청 등의 자세를 통해 학습을 촉진하는 '관계'의 형성에 힘써야 하며, 교육 내용에 인간애를 불어넣어 지속가능한 학습조건을 형성해 줄 책임이 있다. 이렇듯 인간 존중을 바탕으로 둔 교사의 격려와 관심, 교사−학생 간 친구 같은 분위기 속에서, 아이들은 서로 활발하게 소통하고 배우고 학습에 대한 에너지를 가지게 되며, 교실에서 자연스럽게 민주주의를 경험하고 실천하게 되는 것이다.

### (2) 엘리자베스 시걸의 '사회적 공감 학습을 위한 3단계'

미국 애리조나 주립대학교(Arizona State University)의 엘리자베스 시걸 교수는 사회적 맥락에 대한 이해를 바탕으로 한 사회적 공감 능력을 함양하는 방법으로 사회적 공감 학습을 위한 3단계 모델을 제시한다(표 2.2). 이 학습 모델의 목표는 자신을 새로운 사람과 상황에 노출하고 그들과 그들의 삶의 경험을 최대한 많이 배우는 것이며, 학생들은 각 단계의 순서로 학습하면서 자신을 다양한 문화와 상황, 위치에 놓는 경험을 할 수 있다.

이 모델을 활용하여 '소규모 사회적 공감 교육(특권 사다리 그리기 수업)'을 실행한 사례는 다음과 같다. 우선 이 수업의 목적은 '타인의 성장 환경 및 경험은 나와 어떻게 다른가'를 이해하는 것이다. 이 수업에서 학생들은, 특정 집단의 일원이 되는 것이 인생의 출발선에 우

표 2.2 엘리자베스 시걸의 사회적 공감 학습을 위한 3단계

| 단계 | 교육 방법 |
|---|---|
| 1. 노출 exposure | 다른 사람들과 접촉한다는 목적을 갖고 새로운 사람을 만난다. 새롭거나 다른 문화를 경험할 수 있는 새로운 장소에 방문한다. 새롭거나 다른 사상이나 가치를 토론하고 생각한다. |
| 2. 설명 explanation | 당신과 다른 사람 간의 차이가 발생한 이유에 대해 배운다. 역사적으로 무슨 일이 일어났는가? 당신의 조상 그리고 조상의 역사를 다른 집단과 비교할 때 무엇이 다른가? 당신의 역사적 배경 중에 나타난 기회나 장애물 중에 다른 집단과 다르거나 같은 것은 무엇인가? 다른 집단은 어떤 기회를 경험했는가? 기회와 장애물에 대한 당신의 이해를 사실적으로 뒷받침하는 신뢰할 만한 자료를 반드시 찾아보라. |
| 3. 경험 experience | 다른 사람의 입장에서 바라보라. 당신이 계층, 인종, 문화, 젠더, 성 정체성, 연령, 출신 국가, 능력 면에서 다른 사람의 삶을 산다고 상상해 보라. 그것을 실제 경험인 것처럼 느껴보라. 다른 사람의 삶이 왜, 어떻게 당신과 다른지 또는 비슷한지를 설명하는 2단계에서 배운 내용에 대해 생각해 보라. 지난 역사에서 그 집단의 일원이 된다면 어떨까? 오늘날에는 어떨까? 현재 상황은 역사의 산물인가? 또는 역사에서 어떤 영향을 받았는가? 당신이 그 집단의 일원이라면 오늘날 당신의 삶은 어떻게 달라졌는가? 의미 있는 기간 동안 이런 차이를 실제로 직접 경험할 수 있는 방법을 찾아보라. |

출처: 시걸, 2019, 335

리를 다른 사람보다 '앞에' 또는 '뒤에' 둘 수 있다는 점을 의미한다고 인식하게 되며, 이 과정을 통해 삶의 출발점을 다르게 만드는 특권에 대해 생각할 수 있게 된다. 그리고 학생들은 나와 다른 삶이 시작된 지점에서 특권에 대해 생각하게 된다. 시걸 교수의 사회적 공감 수업의 활동은 모든 학생에게 사다리가 그려진 종이 한 장을 나눠 주는 것으로 시작한다. 학습 활동은 사다리의 가운데 지점에서 시작된다. 교수자는 '만약 여러분이 안전한 동네에서 자랐다면 한 단계 올라가시오', '여러분이 속한 인종이나 민족 때문에 괴롭힘을 당했다면 한 단계 내려가시오', '여러분이 돈이나 자산을 상속받았다면 한 단계 올라

가시오' 등을 차례로 질문하고 그 대답에 따라 학생들은 사다리를 한 단계 올라가거나 내려간다. 이러한 과정을 통해 학생들은 인생의 출발 지점이 어디인지, 지금의 자신을 만든 아동기의 경험은 어떠했는지에 대해 토론할 수 있다. 이로써 사람들이 살아온 삶의 역사적·맥락적 차이에 대한 토론을 시작할 수 있는 것이다. 본래 이 수업은 큰 방에 설치된 실제 계단을 오르내리면서 진행되었으나, 학생들은 서로 다른 단계로 오르고 내리는 것을 보며 고정관념을 가질 수도 있으므로, 특권 사다리 그리기 수업은 종이를 이용해 비밀을 유지하면서 진행하는 것이 효과적이다.

이와 같은 특권 사다리 그리기 수업 외에 또 다른 공감 교육의 방법으로 시걸 교수는 박물관 방문을 권한다(Segal, 2019). '박물관은 공감과 호기심, 관용, 창의성, 비판적 사고를 고취할 수 있으며, 그렇게 해야 한다'는 사회학자 페기 레빗(Peggy Levitt)의 주장과 같이, 박물관의 전시물은 이미지나 실제 인공물을 이용해 우리가 만나본 적이 없는 사람들의 이야기를 들려줌으로써, 우리의 마음과 몸이 본능적으로 공감하는 경험으로 이끈다. 박물관은 다른 문화와 인종, 다른 시대 사람들의 경험을 공감의 방식으로 생생하게 보여 준다. 히로시마 평화 박물관은 원자폭탄의 공포와 핵전쟁의 위험을 실감하게 한다. 피닉스의 허드(Heard) 박물관에는 아메리카 인디언 아동의 문명화 전후 사진들이 영구 전시되어 있다. 미국의 공교육 과정에서는 이들의 역사에 대해 전혀 가르치지 않고 있지만, 관람자들은 이 박물관의 전시물을 통해 토착 아메리카인들이 겪은 억압의 역사가 어떤 의미인지 절감하게 된다. 이렇게 박물관은 타인들의 삶을 이해할 수 있

행복을 키우는 공감 학습

그림 2.2 엘리자베스 시걸 교수와 저서 『사회적 공감(Social Empathy)』
출처: socialwork.asu.edu/content/elizabeth-segal

는 확실한 방법을 제공하며, 특히 역사 교과서에 나오지 않는 사람들의 이야기를 들려준다는 점에서 사회적 공감 능력의 함양에 효과적인 공간이다.

(3) 토머스 회어의 '공감 개발 단계'

미국 미주리주의 세인트루이스 뉴시티스쿨(The New City School in St. Louis)에서 교사로 재직하였고, 최근에는 교육자 리더십 프로그램(Educational Leadership program)을 운영하는 교육자 토머스 회어(Thomas R. Hoerr)는 *The formative five: fostering grit, empathy, and other success skills every student needs*(2017)를 통해 공감 교육의 중요성을 역설한다. 회어는 학교에서 가장 주력

해야 할 공감 교육 단계를 제안했으며, 모든 교사가 학생들의 공감을 계발해 주기 위해 따를 수 있는 전략(Strategies for Developing Empathy)을 구체적으로 제시했다. 이를 소개하면 다음과 같다(표 2.3, 표 2.4).

표 2.3 토머스 회어의 공감 개발 단계

| 단계 | 교육 방법 |
|---|---|
| 1. 경청<br>Listening | 학생들은 다른 사람들에게 주의를 기울여, 무엇을 말하고 어떻게 말할지 배우는 시간을 가진다. |
| 2. 이해<br>Understanding | 이해는 다른 사람에 동의하는 것을 의미하는 것은 아니며, 다른 사람의 견해를 인지적으로 이해하는 것이다. |
| 3. 내면화<br>Internalizing | 학생들이 배운 것을 내면화하는 것은 다른 사람의 입장이 되어 그들의 감정을 실제로 경험하는 것이다. |
| 4. 투사<br>Projecting | 같은 상황에서 어떻게 반응할지 상상하는 단계이다. 자기가 인지한 바를 다른 사람들이 어떻게 인식할지 상상하고, 그 과정이 다른 사람에게 얼마나 쉬울지/어려울지 이해할 수 있다. |
| 5. 계획<br>Planning | 학생들은 공감한 바에 따라 주어진 상황에 대해 진정한 대화를 시작하거나 상황을 바꾸려는 시도(또는 둘 다)를 할 것인지 계획한다. |
| 6. 간섭<br>Intervening | 5단계에서 이루어진 포괄적이고 협력적인 계획을 실행한다. |

출처: Hoerr, 2017, 42를 토대로 구성

표 2.4 모든 교사가 지켜야 할 공감 개발 전략

| 전략 | 내용 |
|---|---|
| 1. 학생들이 타인의 관점을 인식하고 이해하도록 도울 것 | 학생들이 다른 사람의 관점을 인식하고 이해하는 데 시사, 역사, 문학에 대한 논의는 훌륭한 출발점이 되며, 이 다른 사람의 범위에는 동료 학생들도 포함될 수 있다. 공감은 경청과 이해에서 시작된다는 점을 계속 강조하면서 가르쳐야 한다. |

행복을 키우는 공감 학습

| | |
|---|---|
| 2. 학생들을 봉사학습 (service learning) 에 참여하게 할 것 | 지역사회 내 동물보호소에서 쓸 담요 수집, 푸드뱅크 작물 심기와 관리, 노숙자보호소의 먹거리 마련 등이 학생들의 공감을 불러일으킬 수 있는 봉사학습 경험의 좋은 예이다. 또한 이타주의를 교과목 커리큘럼(영어나 사회 등)과 연계시키는 것이 좋다. |
| 3. 학생들이 자신의 배경과 편견을 이해할 수 있도록 도와줄 것 | 학생들에게 '나는 왜 이런 사람인가?'라고 질문하고, 이에 답하기 위해 친척 인터뷰, 가족사 조사, 음악과 사진 등을 포함한 다양한 정보(예: 지리적 위치, 민족성, 가족 크기, 종교)를 담은 발표 자료를 만들게 한다. 이러한 자기 발표는 '나와 다른 사람들(타인, others)'을 이해하는 데 효과적이다. |
| 4. 학생들이 마음 놓고 이야기할 수 있는 안전한 공간을 만들 것 | 가상 인물의 스토리를 읽고 들음으로써 낯선 사람의 어려움을 공유하는 경험은 학생들의 공감 능력을 이끌어 내는 데 효과적이다. 청년 투자를 위한 포럼(The Forum for Youth Investment)에 따르면, "누군가의 이야기를 들려주고 그에 대응하는 활동은 술 취한 운전자에게 목숨을 잃은 사람을 추모하는 정원을 만드는 것과 같은 봉사 학습 활동의 일환"이라 할 수 있다. |
| 5. 고정관념과 차별, 태도의 역사와 진화, 공감하는 정도가 다른 이유에 대해, 의식적으로 가르칠 것 | 십자군원정, 서부개척부터 흑인·유대인·여성의 인권운동에 이르는 다양한 예시에 대해, "어떤 집단이나 개인이 타인의 요구에 대해 그렇게 공감하지 못하고 무감각해진 원인이 무엇인가?"라고 질문할 수 있다. 이 과정에서 학생들이 모든 사례에 대해 공감하는 것이 목적이 아니라, 어느 상황이든 친절하게 행동하는 것이 중요하다는 점을 일깨워 주어야 할 것이다. |
| 6. 범죄로 잘못 기소된 무고한 사람들의 역사적 사례를 검토하게 할 것 | 갈릴레오 재판, 세일럼 마녀 재판, 드레퓌스 사건과 같은 사례를 통해, 학생들이 억울한 피고는 물론 사건에 연계된 다른 인물들의 관점을 생각해 볼 수 있게 돕는다. 일반적으로 주인공에게 공감하기 쉬울 수 있으므로 학생들이 주인공 외 다른 캐릭터들이 연민이나 공감을 받을 수 있는지 추측할 수 있도록 돕는다. 그다음 단계로 학생들에게 어떠한 실수로 인해 잘못 비난받았던 때를 되돌아보게 한다. 그 상황을 형용사나 그림으로 표현하거나 노래나 춤을 추게 하여 그들이 어떻게 느꼈는지, 그 상황에 처한 다른 사람들은 어떻게 느꼈는지를 포착하게 한다. |
| 7. 학생들이 항상 다양한 관점에서 상황을 고려할 수 있게 도울 것 | 학생들이 자신과는 다른 사람들에게 공감할 수 있도록 교육하기 위해 "누군가는 그것을 어떻게 다르게 볼 수 있을까?"라고 질문할 수 있다. 서로 다른 관점을 파악하고 이해한다고 공감 능력이 보장되는 것은 아니지만, 그것이 출발점이 될 수는 있다. |
| 8. 다양한 인류를 다룬 교재를 선택할 것 | 학교에서 많이 다루지 않는 민족이나 집단이 등장하는 작품을 선택하는 것이 좋다. |

| | |
|---|---|
| 9. 학생들끼리 익명으로 칭찬할 수 있는 시스템을 만들 것 | (비)공개적으로 학생들끼리 칭찬할 수 있게 한다. 그 목표는 학생들이 타인이 무엇을 고마워할 수 있는지, 특히 자신에게 특별한 의미가 없는 것에 대해 타인은 어떻게 고마워할 수 있는지 이해하도록 돕는 것이다. |
| 10. 학생들을 자선사업(활동)에 참여시킬 것 | 이는 공감과 동정의 차이를 강조하기 위한 좋은 방법이다. 예를 들어, 버몬트주 셸번 커뮤니티 스쿨의 은퇴한 사서인 엘런 매슈스(Ellen Matthews)는 자신의 학교 유치원 교사가 학생들이 수업 중에 재배한 식물을 팔아 돈을 마련하게 했다고 보고한다. 이들은 키바(전 세계 사람들에게 소액 대출을 해 주는 단체) 웹사이트(kiva.org)에서 발견한 프로젝트를 지원하기 위해 돈을 모았는데, 4~5학년 학생들은 모금하고 벌링턴 소재 노숙자 쉼터에 기부할 물건들을 모았다. 그동안 학생들은 주민들과 상담원들과 대화를 나누며 그 사람들과 그들의 도전, 그리고 이들을 도울 수 있는 방법들에 대해 배울 수 있었다. |

출처: Hoerr, 2017, 42를 토대로 구성

# 제5장. 우리나라 제도권 교육의 공감 부재

우리 사회에서 학생들은 학교를 어떤 공간으로 정의할까? 한 설문 조사 결과를 보면, 현재 한국에 공감 교육이 얼마나 필요한가를 여실히 보여 준다(김희삼, 2017). 한국을 비롯한 미국, 중국, 일본의 대학생들을 대상으로 "귀국의 고등학교는 다음 중 어떤 이미지에 가장 가깝다고 생각하십니까?"라는 질문과 함께, ① 함께하는 광장(학교라는 공동체에서 상호 이해와 조화 및 협동심을 체득하는 곳), ② 거래하는 시장(교육서비스의 공급자와 수요자 간에 지식과 돈의 교환이 일어나는 곳), ③ 사활을 건 전장(좋은 대학을 목표로 높은 등수를 차지하기 위해 치열한 경쟁이 일어나는 곳)과 같은 3개의 선택지를 제시하였다. 그 결과, 한국 대학생들이 가장 많이 고른 답은 '고등학교는 사활을 건 전장'과 같다는 인식으로 응답 비율은 80.8%였다. 이렇게 고등학교를 전장으로 바라보는 인식은 중국 대학생들이 41.8%,

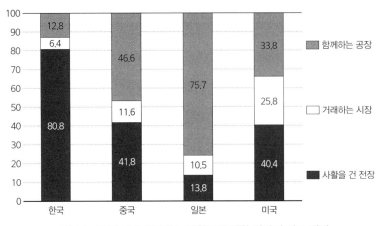

그림 2.3 4개국 대학생들의 고등학교에 대한 이미지 설문 결과

출처: 김희삼, 2017, 66

미국 대학생들이 40.4%로 나타났으며, 일본 대학생들은 13.8%의 결과를 보였다. 결국 경쟁이 과열된 우리의 교육 현실에서 학교는 '함께하는 광장'은 말할 것도 없고, 어떠한 협력도 기대하기 어려운 공간이라고 할 수 있겠다(그림 2.3).

입시에 대한 경쟁 외에도 학교 현장에서 주목할 수 있는 대표적 문제는 학교폭력이다. 최근의 학교 현장은 각종 학교폭력으로 피폐해져 있다고 할 수 있다. 학생 간 폭력적 상호작용은 인터넷, 게임, 영상 매체의 부정적 영향력 등 급변해가는 환경의 탓도 있겠지만, 무엇보다 주의 깊게 보아야 할 점은 학생들의 공감 능력에 대한 교육이다. 학교폭력은 학생의 공감 능력 미흡을 그 원인으로 찾을 수 있다. 실제로 학교폭력 가해자는 정서적 공감 능력이 부족하고, 피해자 역시 인지적 공감 능력이 부족한 것으로 나타났다(한겨레, 2012.06.05.).[24] 즉 모든 학교폭력의 근저에는 낮은 공감 능력이 자리하고 있으며, 결국 공감 교육의 부재가 학교폭력의 원인이라고 할 수 있는 것이다(권수현: 2013; 한동균, 2020). 그러나 학교에서 크고 작은 학교폭력에 대해 적절한 조치를 취하지 않거나 다수의 희생자들을 무시하는 상황, 그리고 현상의 배후에 있는 특정 학생들을 낙인찍어 폭력적으로 몰아가는 잘못된 사회정보처리 방식이 학교폭력 문제의 해결을 더욱 어렵게 하고 있다. 따라서 보다 근본적인 문제 해결을 위해서는 공감 교육의 장(場)으로서 학교가 중심이 되어 학교 공동체의 재통합을 통해 피해자의 상처를 회복하고 가해자를 선도할 수 있게 이끌어야 한다.[25]

학교에서 발생한 문제를 학생 개인의 원인으로 돌리는 사례는 다문화 교육 과정에서도 발견할 수 있다(한국교육학술정보원, 2020). 우리나라의 다문화 학생은 지속해서 증가하고 있는데 반해, 다문화 학생의 학업 중단율은 전체 학생의 중단율에 비해 높은 수준으로 나타난다(표 2.5). 이러한 문제에 대해 다문화 학생 지도와 운영에 오랜 경험을 가진 교사들조차 문제의 원인을 다문화 학생 집단 자체에서 찾고자 하는 경향이 두드러진다. 그러나 다문화 교육에 대한 그동안

표 2.5 전체 학생 및 다문화 학생의 학업 중단율

| 구분 | 2013 | 2014 | 2015 | 2016 | 2017 | 2018 |
|------|------|------|------|------|------|------|
| 전체 | 0.93 (0.53) | 0.83 (0.45) | 0.77 (0.41) | 0.81 (0.43) | 0.87 (0.47) | 0.94 (0.50) |
| 다문화 | 1.03 (0.38) | 1.01 (0.38) | 0.85 (0.29) | 0.88 (0.29) | 1.17 (0.32) | 1.03 (0.27) |

주: 괄호 안은 부적응 관련 학업 중단(질병, 유학, 해외 출국 제외)
출처: 교육부, 2019, 2

의 동화주의적·소극적 관용주의적 태도를 성찰하고 다문화 학생들의 학업 중단, 학습 부진, 소외와 다문화 학교 게토화 등의 문제를 극복할 근본적인 해결 방안을 고려해 보면, 결국 증가하는 다문화 학생들의 사회적·학습적 요구에 대해 학교 공동체가 공감하는 것에서 그 답을 찾을 수 있다. 따라서 차이와 다양성에 대한 존중과 이해, 이를 통한 공감과 연대, 더 나아가 인류애를 함양하는 세계시민교육의 중요성을 인식하고 실천적 방안을 모색하는 노력 역시 공감 교육의 일환이라고 볼 수 있는 것이다.

그렇다면 현재 한국의 공감 교육은 어떻게 이루어지고 있는가? 2020학년도를 기준으로 볼 때, 공감에 대한 교육적 논의들이 인성 교육의 측면에서 암암리에 언급되어 왔으나, 명시적으로 교육적 목표로 제시하거나 공감 교육이라는 독립된 주제로 별도의 교육 정책을 마련하거나 시행하고 있지는 않다. 따라서 공감 교육이 하위 요소로 다루어지는 인성 교육 정책을 중심으로 살펴봄으로써, 공감 교육의 제도적 현황을 가늠해 볼 수 있겠다(동효관 외, 2020, 110). 교육부는 '교육과정 및 인성 교육 강화 기본 계획'(2009~2015)을 중심으로 인성 교육 정책을 시행하였으며, 2015년 「인성 교육 진흥법」 제정으로 관련 시행령과 시행규칙이 제정됨에 따라 인성 교육의 법적·제도적 기반을 마련하고 그 대상과 범위를 확장하였다. 「인성 교육 진흥법」에서 '공감' 역량은 별도의 독립적인 덕목이 아니라 핵심역량 가운데 의사소통 역량을 구성하는 하위 요소로 다루어지고 있다.

또한 2015년 개정 교육과정을 통해 볼 때, 교육과정 총론 및 교과 교육과정에 공감에 대한 강조는 직접적으로 찾아보기는 어렵다. 그러나 2015 개정 교육과정에서의 학교 공감 교육 현황에 대해 교사들을 대상으로 설문 조사한 결과를 보면 공감 교육은 교과 수업, 비교과 수업, 학급 운영 차원 등에서 개별 교사 주도하에 다양한 방식으로 비교적 자주 진행되고 있다는 점을 확인할 수 있다(표 2.6).[26] 반면 단위 학교 차원의 공감 교육의 실시 빈도는 낮은 수준에 머무른다. 이러한 결과와 관련해 생각해 보면, 단위 학교 차원의 행사나 교육은 교육 정책이나 학교 특색 사업 등을 반영하여 대규모로 진행되는 경우가 많으므로, 소규모 집단을 중심으로 직간접적인 접촉을 해야 하는 공감 교육을 적용하기는 어렵기 때문이라고 판단된다(동효관 외, 2020, 137).

이렇게 교사들의 인식에 따르면 현재 학교 내 공감 교육은 각 교과·비교과 수업이나 개별 학급 차원과 같은 소규모의 형태로라도 진행되고 있다고 볼 수도 있지만, 이에 대한 학생 의견의 결과는 다소

표 2.6 학교 공감 교육 현황에 대한 교사 인식 결과

| 구분 | 주 단위 | 월 단위 | 분기 단위 | 학기 단위 | 연 단위 | 전체 |
|---|---|---|---|---|---|---|
| 담당 교과 수업에서의 공감 교육 | 223 (29.0) | 237 (30.9) | 122 (15.9) | 107 (13.9) | 79 (10.3) | 768 (100) |
| 비교과 수업에서의 공감 교육 | 149 (19.4) | 288 (37.5) | 136 (17.7) | 120 (15.6) | 75 (9.8) | 768 (100) |
| 학급 운영 차원에서의 공감 교육 | 272 (35.4) | 246 (32.0) | 102 (13.3) | 75 (9.8) | 73 (9.5) | 768 (100) |
| 단위 학교 차원의 공감 교육 | 80 (10.4) | 200 (26.0) | 180 (23.4) | 172 (22.4) | 136 (17.7) | 768 (100) |

주: 단위는 응답 수, 괄호 안은 비율
출처: 공감요규실시빈도조사

차이가 있다. 본인의 공감 능력에 대해 학생들에게 질문한 결과, '타인의 감정에 대한 이해 능력(나는 다른 사람이 어떤 상황에 있을 때 그 사람의 감정을 알고, 그의 입장에서 생각하고 판단할 수 있다)'은 비교적 높은 반면, '행동과 실천에 관련한 공감 능력(나는 다른 사람 및 공동체에 긍정적인 결과를 가져올 수 있는 행동을 할 수 있다)'은 상대적으로 낮게 나타났다. 이는 학생들 간에 서로에 대한 상황과 감정을 알더라도 그에 대해 바람직하고 적절한 대화와 행동이 수반되지 않는다는 현실을 보여 주며, 이러한 상황은 교내외 갈등으로 이어질 것이 자명하므로 문제의 해결책으로서 공감 교육이 반드시 필요한 상황이라 할 수 있다.

그러나 공감 교육을 학교폭력 예방의 차원으로만 제한적으로 보아서는 안 된다. 또한 학교가 학생들의 성장을 돕고, 학생들은 그러한 학교 교육을 자양분으로 하여 시민사회로 나간다는 사실을 생각해 보면, 공감 교육의 영향력은 시공간적으로 공교육 과정에만 제한되어서도 안 된다. 특히 학생들에게 심리적 불안감을 야기하고 있는 입시구조를 떠올려 볼 때도 공감 교육의 대상은 교복을 입은 학생들뿐만 아니라 대학생, 시민으로까지 확장되어야 한다. 치열한 입시 경쟁의 원인이었던 대학은 이제까지 타인과 나에 대한 경계를 뚜렷하게 경험하던 학생들이 공감 능력을 함양할 수 있도록 공감 교육을 제공해야 한다는 것이다. 그러나 우리 현실을 돌아보면 무한경쟁 체제는 대학 입학 이후에도 지속되고 심화되는 상황이라고 볼 수 있다.

입시를 마친 대학생들의 목표가 대학 입학에서 취업으로 전환된 채 본인과 주변을 돌아볼 여유 없이 무한경쟁해야 하는 상황에서, 이들

행복을 키우는 공감 학습

은 점점 더 타자에 대한 차별과 혐오를 당연시하면서 공감 능력은 감소하는 문제를 보인다(오찬호, 2013; 한가희·이인혜 2016). 이에 따라 최근 대학에서는 공감 교육의 필요성을 절감하며 관련 교과목을 신설하는 등 문제 해결을 위해 노력하는 모습을 보이고 있다. 타인에 대한 공감, 배려, 이해와 같은 공동체적 가치가 감소한 상황으로 볼 때, 공존할 수 있는 민주시민을 교육하는 장으로서 대학에서의 공감 교육은 무엇보다도 중요한 교육 목표가 아닐 수 없는 것이다(손동현 외, 2013; 오길영, 2013; 이은아, 2017).

이러한 대학 공감 교육은 주로 교양과목을 통해 이루어지고 있는데, 주로 독서와 토론 및 글쓰기를 통한 공감의 함양, 또는 타인의 문제를 바라보는 자아의 경험을 성찰하면서 공감 능력을 기르는 것을 목표로 하는 과목 등을 들 수 있다. 여기서 나와 다른 집단의 삶에 공감하는 민주시민의 양성을 위한 교육이라는 점에서 볼 때, 공감 교육은 개인적 공감 경험뿐만 아니라 사회적 맥락을 객관적 거리에서 바라볼 수 있게 하는 사회적 공감 교육에 초점을 맞추어 다각적 교육 방법으로 개선할 필요가 있다. 그러기 위해서는 고전(古典)의 독서 토론 교육이 필수적이라는 누스바움(2013)의 주장을 대학 공감 교육에 적극적으로 반영할 필요가 있다. 또한 청년들이 타인에 공감하는 인간으로서 품위 있는 삶을 모색하는 데 도움을 주기 위해서는 인간과 삶 자체에 관심을 가지는 인문학과 인간적 삶이 가능한 사회적 조건을 탐색하는 사회학의 융합이 필요하며, 이에 교양으로서의 인문학적 사회학이 필요하다고 주장한 사회학자이자 작가인 정수복(2019, 184)의 주장 또한 귀 기울일 필요가 있다.

국내외 많은 연구를 통해, 지금까지 도외시한 공감이라는 사회적 감정의 사회 통합적 기능을 톺아 보고, 각 교육과정에 걸쳐 다각적인 교육방식을 통하여 공감 능력의 향상을 위해 노력해야 한다는 주장이 제시되고는 있으나(누스바움, 2013; 박혜정·장원호, 2020; 2021; 정수복, 2015; 2019; Forester, 2009; Sandercock, 2003; Throg-morton, 1996; 2003), 국내 공감 교육의 현황에 따르면 공감 교육에 관한 관심과 실천에 있어서 체계적인 교수·학습 원리가 부족하고 절차 및 관련 지침이 제시되지 않고 있다고 정리할 수 있다. 이러한 점에서 볼 때, 학교 현장에 공감 교육을 적극적으로 적용하여 학생들의 공감 능력을 함양하기 위해 교육과정 총론 및 교과 교육과정에 공감 능력에 대한 고려가 얼마나 구체적으로 반영되고 있는지 검토하고, 이에 근거하여 교과 성취의 기준, 공감 능력 향상을 위한 수업 개발 등의 다양한 실행계획을 적극적으로 추진해야 한다.

행복을 키우는 공감 학습

# 제6장. 국내 공감 교육 사례

## 1. 학교 안에서 공감하기

### (1) 학교폭력 예방 교육

입시 위주의 교육, 성적 지상주의 등 우리나라 교육의 병폐를 지적하는 시선들이 있지만, 학생들이 경험하는 실제 학교생활을 살펴보면 교과 내용의 학습 외에도 교사–학생 간 관계, 동급생 및 선후배 간 크고 작은 사회적 상호작용 속에서 이들은 사회화한다. 각기 다른 배경에서 살아 온 사람들이 함께 부대끼며 생활하는 과정에서 서로의 차이가 크든 작든 학교생활이 늘 평탄하지만은 않을 것인데, 학교에서 일어날 수 있는 가장 심각한 갈등 중 하나는 학교폭력이라 할 수 있다.

학교폭력 문제를 해결하기 위한 기존 학교폭력 예방 교육은 주로 문제에 대한 인식 재고 혹은 사후 대처 방안에 집중되어 있었다. 그러나 보다 근본적인 문제해결을 위해서는 학우끼리의 폭력이 잘못된 것이라는 사실과 함께, 힘든 시간을 겪고 있는 학생의 상황에 대한 공감, 그리고 의사소통과 갈등 해결 등에 관련된 학생의 심리적 특성을 변화시키기 위한 교육이 필요하다(박효정·한미영·김현진, 2016, 124). 여기서 공감 교육은 학생들로 하여금 자기 자신에 대한 이해, 그리고 타인에 대한 이해를 기반으로 한 갈등 해결의 길을 열어 준다. 이에 학교폭력 예방교육지원센터의 '어울림 프로그램'은 공감을 학교폭력 예방을 위한 목적으로 강화되어야 하는 첫 번째 역량으로 강조한다.

어울림 프로그램의 6대 역량은 공감, 의사소통, 감정조절, 자기존중감, 갈등 해결, 학교폭력 인식 및 대처이다.[27] 어울림 프로그램은 체계적으로 학교폭력을 예방하기 위해 일반 학생들을 대상으로 한 기본적 수준의 예방 교육인 '기본프로그램', 학교폭력 가·피해 우려가 높은 관심군 학생을 대상으로 한 '심층 프로그램', 교과 교육과정과 연계한 학교폭력 예방 교육을 제공하는 '교과연계 프로그램'이라는 세 가지 층위에서 조직되어 있어, 다양한 대상별 역량을 계발하고 각 문제에 맞는 해결책을 도출할 수 있게 구성되어 있다. 또한 이 프로그램은 학교 안 다문화의 편견으로 인한 폭력요소를 인식하고 공감하며, 갈등 해소를 위한 프로그램을 연계하여 운영, 성 평등 문화 형성을 통해 평화로운 학교 만들기 등 확장된 문제들의 해결을 포함하며, 교과 연계, 사이버 연계, 자유학기[28] 연계, 동아리 활동 등 프로그램 실천 및 활동자료가 다양하게 개발·활용되고 있다.

어울림 프로그램의 예로, 서울 소재 D 중학교의 도덕 교과수업 성

평등 교육과 연계한 어울림 프로그램을 들 수 있다. 본 프로그램은 '성 평등 문화 형성을 통해 평화로운 학교 만들기'를 목표로 하여 5차시로 구성되었으며 학생들로 하여금 '나다운 모습'을 스스로 표현해 보고 일상 속 성차별 언어문화를 살펴볼 수 있게 한다. 학생들은 '남자답게/여자답게 대신 나답게', '외모 평가 대신 실력이나 과정을 칭찬해 주기' 등의 과정을 통해 상대방의 입장에 공감하는 경험을 할 수 있다. 서로가 처한 상황을 인지하고 그 배경을 함께 생각해 보는 과정에서 학생들은 사회적 공감 역량을 함양하게 되어 '우리'가 만드는 성 평등을 추구해야 한다는 점에 모두 공감하게 된다.

한편 D 중학교의 자유학기제 주제선택 교육과정연계 수업은 공감 교육을 통한 다문화 이해를 목적으로 한다. 학교 내에서 다문화의 편견으로 인한 폭력요소를 인식하고 공감하며, 편견이 야기하는 갈등을 해소하기 위한 것이다. 18차시로 구성된 이 프로그램 역시 있는 그대로의 내 모습 표현하기를 통한 자기 자신에 대한 이해를 시작으로, 상대방의 입장을 헤아려 보고 공감으로 나아가는 '다양성', '관계성', '보편성'을 큰 주제로 삼고 있다. 요컨대 학생들이 공감 능력, 의사소통 역량 강화를 통해 다문화를 바라보는 관점, 태도의 전환을 경험할 수 있다는 점에서 이 프로그램은 타문화 자체에 대한 이해교육과는 차별점을 갖는다.

이러한 어울림 프로그램의 실질적인 효과에 대한 연구도 활발하게 진행되고 있다. 박효정·한미영·김현진(2016)은 어울림 프로그램 운영 학교와 비운영 학교의 실태를 비교하는 통계 분석을 통해 어울림 프로그램이 공감을 비롯한 사회적 기술 역량 발달에 효과가 있음을 증명하였다. 어울림 프로그램이 확산되고 장기화되면서 프로그램의 효과를 보다 증진시키는 요인을 탐색한 연구도 수행되었다. 이러한 연구에서 특히 주목해야 하는 점은 다양한 학교에서 어울림 프로그램이 진행되는 만큼 보고되는 프로그램의 영향력이 제각각이지만, 공통적으로 나타나는 특징은 바로 프로그램 운영의 지속성이 프로그램의 효과로 이어진다는 것이다. 어울림 프로그램을 4년 이상 운영한 학교의 학생들을 대상으로 조사한 공감 및 공감 관련 역량(공감, 의사소통, 감정조절, 자기존중감, 갈등 해결, 학교폭력 인식 및 대처)의 평균이 매우 높게 나타났다(성윤숙·구본호·김현수, 2020). 이러한 결과는 앞으로도 공감 역량 강화가 줄 수 있는 교육적인 효과 및 그 효과를 확대하기 위한 교육 프로그램의 지속성에 대한 논의가 필요하다는 점을 시사한다.

### (2) 인성 교육

사회가 발전하고 변화함에 따라 우리가 겪는 문제도 다양해진다. 따라서 어느 하나의 문제 대한 해결에 집중하기보다는 타인, 공동체, 환경 등 사회 전반에 더불어 살아갈 수 있는 역량이 요구되고 있다. 이러한 배경에서 교육부에서는 인성 교육을 통해 사회적 역량을 함양할 수 있는 프로그램들을 제공하고 있다. 교육부의 제2차 인성 교육 종합계획(2021~2025)은 정규교육 과정 내에서의 인성 교육을 강조하고 있으며, 교육의 목표와 가치, 역량 등 중첩되는 내용이 있는 민주시민교육, 인권교육, 양성평등교육 등의 주제들과의 관계성을 명시하고 있다.

사회환경에 적절하게 대응할 수 있는 인성은 어떤 과정을 통해 학습되고 함양될 수 있을까? 한국교육개발원(2018)의 국어과 인성 교육 지도자료는 텍스트를 통해 이러한 사회적 기술들을 습득할 수 있도록 하는 교육 가이드라인을 제공하고 있다. 국어교과 학습 과정에서 학생들은 '공감적 듣기와 인성 교육'을 통해 주어진 상황의 맥락에서 등장인물들이 어떤 감정을 느끼고 어떻게 생각했을지 상상하고

### 인성 핵심 역량

인성 가치·덕목들을 적극적이고 능동적으로 실천 또는 실행하는 데 필요한 지식 능력을 가리킨다. 인성 핵심 역량은 성실, 배려, 정의, 책임이라는 도덕과 핵심 가치와 기타 다양한 인성 핵심 덕목을 자신의 삶 속에서 성찰하고 실천할 수 있는 구체적인 능력으로 강조한 것이다. 이는 지식보다는 역량을 강조하는 2015 개정 교육과정과 2016년 「인성 교육 진흥법」을 통해 부각되었다(교육부, 2016).

### 공감적 듣기와 인성 교육

공감적 듣기란, 상대의 감정에 공감하며 적절하게 반응하는 대화를 나누는 것이다. 인성 교육과 통합된 교수·학습 지도 자료에서는 공감적 듣기에 관한 기초적인 이해를 바탕으로 일상에서 학생들이 겪을 수 있는 다양한 대화 상황을 제시하여 각각의 상황에서 상대의 감정에 주목하고, 상대의 말에 대해 공감하는 대화를 직접 수행하도록 하였다.

또한 일상생활에서 공감적 듣기의 방법을 활용하여 문제를 해결할 수 있는 능력을 키우기 위해 상대의 감정을 이해하고 공감하는 활동, 실제로 친구들의 이야기를 들어 주며 서로의 고민이나 문제를 해결하는 활동을 할 때 짝 활동이나 모둠 활동 외에도 역할극을 실연하도록 하여 인성 교육적 요소를 강화하였다.

이에 대해 말하는 과정을 통해 공감 역량을 쌓을 수 있게 된다. 학생들은 이야기의 교훈을 통해 '인성 핵심 덕목'들을 자연스럽게 받아들일 수 있으며, 교사들이 설명해 주는 다양한 가치들과 텍스트를 연계하여 생각해 보고, 학생들 간 상호 토의, 토론, 협상 과정을 통해 사회적 태도와 가치를 스스로 배울 수 있게 된다.

　세계화로 상호 연결성이 강화되어 높은 수준의 복잡성과 상호의존성을 갖게 된 사회에서는 공감, 상호존중, 협동과 같은 사회적 기술을 특수한 상황에 적용할 수 있는 능력이 요구된다. 이러한 사회적 요구에 따라 인성 교육은 특정한 사회적 주제와 이에 필요한 덕목을 연결하는 실천적 학습을 지향하고 있다. 중학생을 대상으로 하는 민주시민 육성을 위한 인성 교육 프로그램 '즐거운 교실, 당당한 시민'(한국교육개발원, 2018)은 공감을 비롯한 주제를 '민주주의 가치 익히기', '문제 해결 방법 익히기', '현실 문제에 적용·실천하기'라는 단계로 학습할 수 있는 자료를 제공하고 있다. 이 프로그램은 민주주의 가치에 대한 이해를 기반으로 공동체 내에서의 민주적 소통방식을 통해 문제를 해결할 수 있는 교육을 지원하며, 학생들이 '아는 것을 삶에 적용하여 문제를 해결하고 사회에 참여하는 시민성을 발휘'할 수 있는 역량을 가지게 하는 것이 목표이다.

　이 프로그램에서 공감은 중요한 학습요소다. '공감해야 비로소 보이는 것'이라는 활동에서는 타인들이 경험하는 다양한 사회적인 상황들이 적힌 '상황카드'를 한 장씩 뽑고 '감정카드'와 연결하여 해당 인물이 어떤 감정을 느꼈을지 추측해 본다. 이러한 과정에서 학생들은 공감 능력을 발휘하고 키울 수 있으며 공감이 사적인 영역에 한정생활 카드 1 스튜어디스 A씨는 10년 넘게 해외 노선을 담당하고 있는 베테랑 승무원입니다. 그런데 얼마 전 회사는 외모를 이유로 A씨를 국내선에 배치하였습니다. 이에 A씨는 전문성이 아닌 다른 이유를 기준으로 삼는 회사의 방침은 옳지 못하다고 개선을 요구하고 있습니다.

생활 카드 2 B양은 학교를 마치고 집에 돌아오는 길에 문구점에 들렀습니다. 그런데 주인이 갑자기 물건이 없어졌다며 입구를 막고 경찰이 올 때까지 아무도 나갈 수 없다고 했습니다. 학원시간 때문에 가야 한다고 했지만 주인은 막무가내로 B양을 문구점에 잡아 두었습니다.

생활 카드 3 C군은 나이지리아인 아버지와 한국인 어머니 사이에서 태어났습니다. 어릴 때는 독특한 외모 때문에 놀림을 받았지만 고등학생이 된 C군은 누구보다 열심히 학교생활을 해서 친구들의 인정과 사랑을 받고 있습니다.

생활 카드 4 노동자 D씨는 자신이 다니는 회사가 계약직 동료들에 대해 부당한 대우를 일삼자, 이를 개선하기 위해 노동조합을 만들었습니다. 오랜 시간 단체 협상을 시도한 끝에 회사로부터 부당한 대우를 개선하겠다는 통보를 받게 되었습니다.

그림 2.4 학생들의 상황적 공감을 적용해 보기 위한 상황카드
출처: 한국교육개발원, 2018, 99

그림 2.5 학생들의 상황적 공감을 적용해 보기 위한 사회적 이슈의 예시
출처: 한국교육개발원, 2018, 101

되지 않고 공적인 문제를 다룰 때도 발휘될 수 있다는 감수성을 함양하게 되는 것이다.

한 발짝 더 나아가 상황적 공감 활동을 정리하는 학습 내용은 사회 현상이나 사회문제가 드러나는 읽기 자료를 분석하고 활동지를 작성하는 것으로 구성되어 있다. 예를 들어 학생들이 비정규직 노동자 문제에 대한 신문기사를 읽고 그 이슈에 대해 자신이 느낀 감정을 써 보고 그 이유를 생각하여 활동지를 작성해 보는 것이다. 이러한 활동은 학생들로 하여금 "나라면 어땠을까?"라는 질문을 스스로 던져 볼 수 있게 하는 공감 능력을 키워 주고, 타인과 연대하고 사회에 참여하는 방향으로 공감 능력이 확장될 수 있도록 해 준다.

어울림 프로그램, 인성 교육 프로그램 사례들은 '나'를 아는 것에서부터 시작되는 공감이 또래집단, 학급, 학교라는 관계적·공간적 구분을 넘어서 새로운 사회적 관계, 사회적 상호작용에도 적용될 수 있음을 학생들에게 일깨워 주고 있다.

## 2. 학교 밖에서 공감하기

기술의 발달로 우리 삶의 영역은 점차 넓어지고 있다. 다양한 사회와 교류하는 세상에서 공존은 주요 화두로 떠올랐다. 우리의 삶에서 환경·생태와 같은 물리적 측면은 인간-인간 너머의 존재 간 경계에 연계되며, 세계화라는 관계적 측면은 국경이라는 경계를 넘어서는 관점을 요구한다는 점에서, 향후 공감 역량은 생태환경과 세계시민의 두 관점에 기반하여 계발될 필요가 있다. 이와 같은 맥락에서 우리나라 교육현장에서 실천되고 있는 공감 교육을 살펴보겠다.

### (1) 생태환경교육

세계경제포럼의 세계위험보고서(The World Economic Forum, 2020)는 2020년대에 인류가 직면할 가능성이 높은 위험요인들을 설문하여 10위까지의 순위를 선정했다. 그중 1위부터 5위까지가 모두 환경에 관련한 문제이다. 북극 생태계나 기후변화 문제의 심각성을 보여 주는 데이터를 보면, 환경생태 문제가 인류에게 닥친 가장 큰 위기라는 것은 아무도 부정하지 못할 사실이다. 이에 따라 친환경적이고 지속가능한 발전을 위한 노력이 사회의 각 분야에서 활발하게 진행되고 있다. 사회발전에서 '지속가능성'이라는 요소를 고려해 보면 우리나라의 교육도 학생들의 환경생태에 대한 문제의식과 공감 능력을 기를 수 있도록 도와야 한다. 과거의 환경을 무분별하게 파괴해 왔던 인간 중심적인 개발방식에서 환경생태와의 공존으로의 변화방안을 모색하기 위해서는 다른 종의 고통에 대한 공감이 뒷받침되어야 한다. 이러한 기반은 생태성을 지키는 움직임을 지속할 수 있는 동력이 된다. 공감 역량은 지속가능한 발전을 위한 환경생태문제 해결 움직임의 열쇠라고 할 수 있다.

생태환경교육에서의 공감 교육은 공감의 영역을 확장할 수 있는 학습을 포함하고 있다. 한국 UN 지속가능발전교육10년 보고서는 한국에서의 지속가능발전교육(Education for Sustainable Development)이 지속가능한 미래와 사회변화를 위해 필요한 가치와 삶의 방식을 어떻게 효과적으로 학습할 수 있을지에 대한 고민을 담고 있다(유네스코한국위원회, 2014). 이러한 지향 아래 다양한 환경생태 보호 실천교육과 지역공동 프로젝트를 수행하고 있는 통영교육지원청의 사례를 눈여겨볼 만하다. 통영교육지원청은 2020년 경남교육청의 환경 지속가능발전교육 특구로 지정됨에 따라 코로나19 이후의 기후위기 혹은 환경위험 시대에 대비하는 교육을 운영하고 있다. 또한 통영시는 UN총회 산하 고등교육기관인 UN대학이 'UN지속가능발전교육 10년(DESD)'의 원활한 추진을 위해 지정한 거점 도시 중 하나로 2005년 세계 8번째, 국내 첫 번째로 지정된 바 있다. 이러한 배경에서 UN지속가능발전교육 통영센터인 통영RCE 세자트라숲(Regional Centre of Expertises on Education for Sustainable Development)은 통영시의 학교와 연계한 다양한 환경학습을 제공하고 있다.

대표적인 프로그램인 브릿지투더월드(BTW)는 지속가능한 환경사

행복을 키우는 공감 학습

그림 2.6 브릿지투더월드 교육 참여 학생들이 제작한 영상
〈내가 지켜야 하는 것(샌드)〉
출처: 유튜브(YouTube) 통영RCE 세자트라숲

그림 2.7 브릿지투더월드 교육 참여 학생들이 제작한 영상
〈기후위기로 고통받고 있는 우리 세대가 하고 싶은 말(SAVE)〉
출처: 유튜브(YouTube) 통영RCE 세자트라숲

회를 만들기 위한 교육의 일환으로 학생들이 환경파괴에 대한 문제의식, 무너져 가는 생태계에 공감하는 방법을 학습하고 이러한 내용을 주제로 한 영상콘텐츠를 직접 만들어 볼 수 있도록 한다. 학생들은 본 교육을 통해 환경이라는 차원으로 확장된 자신의 공감 역량을 기반으로 하여 다른 사람도 이러한 인식의 확장을 경험할 수 있도록 하는 콘텐츠를 만들어 공감의 영향력을 경험할 수 있다.

### (2) 세계시민교육

사회는 우리를 집단으로 구조화하고, 이렇게 생겨난 집단이라는 구분을 통해 개인은 각자 다른 사회적 경험을 하게 된다. 그러나 이러한 과정을 선형적인 것으로만 간주할 수 있는 것은 아니다. 끊임없이 연계되는 개인들을 통해 다시 사회변화가 일어나기도 한다. 그래서 결국 우리는 연결되어 있음을 잊지 말아야 한다. 타인이 처한 사회적 맥락을 이해하고 공감하는 것, 그것에 기반하여 다른 사람도 이러한 공감할 수 있도록 이끌어 주는 것은 결국 우리 자신이 속해 있는 사회를 더 좋은 곳으로 만드는 움직임이기도 하는 것이다.

유네스코 아시아태평양 국제이해교육원(2016, 82–103)의 『세계시민교육, 학교와 만나다』는 세계시민교육을 선도하는 교사들의 이야기를 담고 있다. 그중에서도 서울 소재 K 고등학교의 P 교사의 사례는 창작을 통해 학생들이 공감 역량을 확장할 가능성을 보여 주고 있다. 세계화가 촉발한 자본의 자유로운 이동은 노동력의 이동을 수반한다. 다양한 사람들이 자신의 고향을 떠나 이주민으로서의 삶을 살고 있으며, 우리 사회에도 이러한 국외에서 이주해 온 구성원들이 많아지고 있다. 세계시민교육은 다문화 사회에서 다른 문화에 대한 오해가 만들어 내는 편견을 걷어 내고 타문화에 속하는 사람들을 동등한 사람으로 대하는 역량을 키울 수 있도록 하는 것인데, 이는 사회적 공감 역량 강화를 의미하는 것이다. K 고등학교 학생들은 세계시민교육을 통해 타문화에 대한 공감뿐만 아니라 이러한 공감의 경험을 동력으로 국어 교과 시간을 통해 직접 시나리오를 작성하고 영화를 만들어, 편견에 대한 자신들의 문제의식을 드러냈다.

선생님과 학생들의 이주민 영화 제작 도전기는 파키스탄에서 한국으로 온 외국인 노동자 남성과 결혼한 한국인 여성과의 인터뷰가 계기가 된 것이었다. 학생들은 인터뷰를 통해 많은 이주민이 한국에서 경험하는 사회적·제도적 차별이 편견에 기인한 것이라는 것을 깨닫게 되었다. 이들의 사회적 배경을 파악하는 과정에서 이민자들이 차별적인 시선 속에서도 주체성을 가지고 사는 보편적인 모습을 발견하

그림 2.8 학생들이 직접 시나리오 작성, 영상촬영, 편집의 과정을 거쳐 제작한 영화
출처: MWTV 이주민 방송 홈페이지(mwtv.kr/archives/1300)

**야생화 Wildflowers**

박준영 Park Jun-young | Korea | 2015 | 15min | Fiction | 15세 이상 관람가

다른 학교로 전학을 가게 된 다문화 학생 민석. 그의 담임선생님은 민석이 전학을 가게 된 진짜 이유를 밝히기 위해 그의 학교 생활을 조사해보는데...민석을 둘러싼 오해와 편견 속에서 밝혀지는 그의 발표와 야생화의 진정한 의미는 무엇일까?

그림 2.9 학생들이 직접 시나리오 작성, 영상촬영, 편집의 과정을 거쳐 제작한 영화

출처: MWTV 이주민 방송 홈페이지(mwtv.kr/archives/1300)

면서 공감하게 된 것이다. 학생들은 이러한 공감에 기반하여 직접 쓴 시나리오로 영화를 찍고 편집하여 이주민 영화제에 출품하였다.

'다문화라는 어떤 고정된 인식이 편견을 낳게 되는데, 이런 편견을 걷어 내고 인식을 새롭게 하면 사람이 보이고 결국 평등한 인간에 대해 인지하게 된다는 내용'을 담은 영화를 고등학교 학생들이 능동적으로 만들어 냈다는 것은 공감이 사회적 참여와 연대를 불러올 수 있다는 사실을 되새기게 만든다.

# 제7장. 국외 공감 교육 사례

본 장에서는 국외 공감 교육 사례들이 우리나라 공감 교육에 줄 수 있는 시사점들을 살펴보고자 한다. 우선 첫 번째와 두 번째로 살펴볼 국외 공감 교육 사례는 사회 정서적 학습(SEL, Social and Emotional Learning) 교육과 인성 교육(Character Education)이다. 교육 내용의 일부는 유사하지만 사회 정서적 학습은 다양한 사회적 환경에서 기능하는 데 필요한 사회적 감정의 기술과 태도에 초점을 맞추는 반면, 인성 교육은 가치관을 정립하는 학습에 보다 집중하고 있다는 점에서 차이가 있다.

## 1. 사회 정서적 학습

효과적인 공감 교육을 위해서는 교육을 통해 강화하고자 하는 구체적 역량과 그러한 목표에 도달할 수 있도록 하는 다양한 교육 실천방안을 유형화해 두는 것이 매우 중요하다. 정해진 유형에 따라 정확한 목표를 설정할 수 있고, 서로 다른 유형을 유기적으로 연결 지어 새로운 교육 내용을 개발할 수도 있기 때문이다.

　미국 교육부는 정규 교육을 통해 충족해야 하는 구체적 기준을 '학문적인 내용을 배우는 동안 학생들이 무엇을 알고 무엇을 할 수 있어야 하는지에 대한 목표 설정'으로 정의한다. 사회 정서적 학습은 이러한 교육목표 도달을 위해 여러 가지 학습요소들의 기준을 명확하게

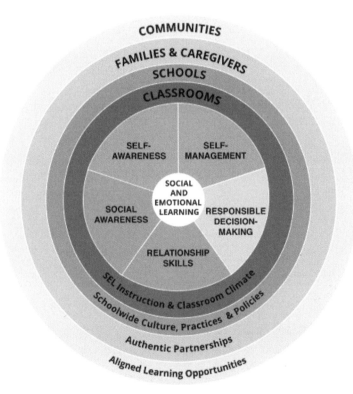

그림 2.10 사회 정서적 학습 체계
출처: casel.org/fundamentals-of-sel

　　　　　　　　　　　　　　　행복을 키우는 공감 학습

제시하고 있다. 이러한 기준은 학생, 교육자 더 나아가 사회의 영역에서도 사회 정서적 학습 과정으로부터 학생들이 무엇을 배워야 하는지에 대해 논의할 수 있는 공유된 언어를 제공하는 역할을 한다. 그리고 이를 통해 학교에서 지향해야 할 발전적 목표를 결정하는 것이다(Elias et al., 2008).

미국의 사회 정서적 학습은 자기 인식, 자기 관리, 사회적 인식, 관계기술, 책임감 있는 의사결정이라는 다섯 가지 역량 강화를 목표로 하고 있다. 학생들이 본 교육을 통해 자신에 대한 이해와 타인의 상황

표 2.7 사회 정서적 학습의 요소

| 역량 | 설명 |
|---|---|
| 자기 인식<br>Self-awareness | 자신의 감정, 생각, 행동에 대한 영향을 정확하게 인식할 수 있는 능력. 사람의 강점과 한계를 정확하게 평가하고 그것의 바탕이 되는 자신감과 낙관을 소유하는 것을 포함 |
| 자기 관리<br>Self-management | 다른 상황에서 감정, 생각, 행동을 효과적으로 조절할 수 있는 능력. 스트레스를 관리하고, 충동을 조절하고, 스스로에게 동기를 부여하고, 개인적이고 학업적인 목표를 달성하기 위해 노력하는 능력 |
| 사회적 인식<br>Social awareness | 다양한 배경과 문화를 가진 타인을 공감의 관점에서 이해. 가족, 학교, 지역사회 자원과 지원을 인식할 수 있는 능력 |
| 관계 기술<br>Relationship skills | 다양한 개인 및 그룹과 건강하고 보람 있는 관계를 구축하고 유지하는 능력. 명확한 의사소통, 능동적으로 경청하는 자세, 원치 않거나 부적절한 사회적 압력에 저항, 건설적인 협상, 필요할 때 도움을 구하고 제공할 수 있는 능력 |
| 책임감 있는 의사 결정<br>Responsible decision making | 윤리적 표준, 안전 우려, 사회적 규범, 다양한 행동의 결과에 대한 현실적인 평가, 자신과 타인의 안녕을 고려하여 개인의 행동과 사회적 상호작용에 대해 건설적이며 배려하는 선택을 할 수 있는 능력 |

출처: casel.org/fundamentals-of-sel/what-is-the-casel-framework/#interactive-casel-wheel

에 대한 인식을 통해 공감을 쌓고 책임감 있는 의사결정을 내릴 것을 기대하는 것이다. 사회 정서적 학습의 틀은 학교 차원뿐만 아니라 학급, 학교, 가정, 지역사회의 상호작용을 통해 다양한 형태로 확장될 수 있음을 보여 준다.

사회 정서적 학습의 표준(standards)은 미국 각 주 정부 차원에서 이루어지고 있으며, '5개의 사회 정서적 학습 역량에 대한 지속적인 계발'을 제공하는 것을 원칙으로 한다. 이에 따라 각 주에서는 사회 정서적 학습을 지원하기 위한 홈페이지를 개설하여 교육목표와 교육방송, 온라인 교육자료 등을 지원하고 있다.

이러한 지원이 활발하게 이루어진 사례로는 미시간주 교육청(MDE)의 사회 정서적 학습(SEL) 캠페인[29]이 있다. 미시간주 교육청은 사회 정서적 학습을 주 정부 차원에서 장려하기 위해 교육자들을 위한 지침을 담은 영상 등 다양한 자료를 제공한다. 특히 미시간주 학습 채널(MLC)의 가정과 교사들에게 교육 콘텐츠를 제공하는 주 전역에 걸친 공영 TV 파트너십과 학교 학습을 풍부하게 하도록 설계된

그림 2.11 미시간주 교육청의 〈Children matter. You matter. Learn SEL!〉 로고

EnglishSocial Emotional LearningSocial
Studies | Kindergarten, 1st Grade, 2nd Grade, 3rd
Grade, 4th Grade, 5th Grade

**Spend an AniMinute with Jabari
the Giraffe**
Partner Content | Lesson 3

Enjoy the Detroit Zoo's AniMinute series
where we introduce you to individual animals
living at the Detroit Zoo. In this episode,
Andrew, mammal keeper for the...

EnglishSocial Emotional LearningSocial
Studies | Kindergarten, 1st Grade, 2nd Grade, 3rd
Grade, 4th Grade, 5th Grade

**Wildlife Adventure Stories:
Why Turtles Live in Water**
Partner Content | Lesson 2

Join David, educator and storyteller, as he
tells the tale of "Why Turtles Live in Water"
through visual storytelling.

그림 2.12 미시간주 학습 채널 홈페이지 교육자료
출처: 미시간주 학습 채널 홈페이지

교육 내용은 미시간주의 교육 표준에 부합하는 사회 정서적 학습을
지원한다.

사회 정서적 학습은 이렇듯 국가적으로 지원되고 지역별로 특화되
어 있다. 이러한 지원들이 뒷받침되는 배경에서 사회 정서적 학습은
어떻게 실현되고 있을까? 캘리포니아주의 서밋 고등학교(Summit
Preparatory Charter High School)는 사회 정서적 학습을 적극적으
로 추진하고 있다. 서밋 고등학교 학생은 절반 이상이 히스패닉계이
고, 25%가 백인, 그다음으로 많은 비율인 6%가 아시아인으로 매우
다양한 인종으로 구성되어 있다. 이러한 학교 구성원들의 다양성은
공감 교육을 추진하는 데 강한 원동력이 되었다. 같은 사회에서도 인
종에 따라 다른 경험을 하기 때문이다. 그러므로 서밋 고등학교는 한
학교, 더 나아가서 한 사회의 동등한 구성원으로서 서로를 이해하고
공감할 수 있는 것을 중요한 교육역량으로 본다.

서밋 고등학교에서 학생들의 사회 정서적 기술 습득을 위해 제공

표 2.8 서밋 고등학교 학생의 인종 구성(2014-2015, 단위: %)

| 인종 | 구성 | 인종 | 구성 |
|------|------|------|------|
| 히스패닉계 | 60 | 흑인 | 2 |
| 백인 | 25 | 필리핀인 | 2 |
| 아시아인 | 6 | 태평양 섬계 | 1 |
| 다민족 | 3 | | |

출처: www.edutopia.org

하는 수업 중 대표적인 것은 HCC(90-minute Habits, Community, and Culture) 클래스로, 감정나누기 활동을 통한 공감 역량 강화라는 목적에 전면적으로 집중하는 수업이다. 이 수업에서 학생들은 마음을 열고, 친구들과 나누고, 활동한다(opening, group sharing, and closing activities). 이러한 학습활동은 '나'를 알고, 타인을 이해하고 사회적인 실천으로 나아가는 공감의 과정을 함축하고 있다.

수업의 도입부는 학급 구성원들에게 '나'를 소개하고 서로를 알아가는 과정으로 구성되어 있다. 학생은 눈을 감고 각자가 느끼고 있는 감정에 이름을 붙여 불러 본다. 각 학생은 자신과 다른 학생들이 어떻게 느끼고 있는지, 내가 느끼는 것과 다른 감정은 어떤 것들이 있는지 등 감정을 통해 친구들과 서로를 알아 간다. 또 다른 오프닝 활동으로는 학생들의 어릴 적 사진을 취합하여 다 함께 누구의 사진인지를 맞춰 보는 활동이 있다. 누구의 어린 시절 사진인지 추측하는 과정에서 서로에 대한 인식을 확인할 수 있고, 사진의 주인공에 해당하는 학생이 사진과 자신의 어린 시절 이야기를 나누어 주면서 서로의 성장 배경을 파악할 수 있다. 이러한 활동을 통해 학생들은 친구가 가진 모습

행복을 키우는 공감 학습

그림 2.13 서밋 고등학교 학생들이 HCC 수업에 참여하고 있는 모습
출처: edutopia.org

이 자신이 생각했던 것보다 훨씬 더 다양하다는 것을 깨닫게 되는데, 이렇게 인간이 얼마나 다면적인지를 깨닫게 되는 것은 타인을 더 입체적인 관점으로 바라볼 수 있게 해 주기 때문에 공감 역량을 쌓는 기반이 될 수 있다.

　서로를 소개하는 활동을 하고 난 후에는 더욱 밀도 있는 상호작용을 위해 소그룹으로 나누어 모둠별 활동을 한다. 이때 중요한 것은 모두 눈을 마주칠 수 있도록 의자를 원형으로 배치한다는 것이다. 이후에는 다양한 활동이 있을 수 있으나 서로의 사회적 배경을 파악하는 깊은 대화를 나눌 수 있도록 한다는 목표는 같다. 다른 사람의 관점에서 시를 쓰기도 하고, 친하지 않은 친구와 대화를 나누어 보기도 한다. 인종 다양성에 대한 이해를 위한 '정체성 빙고'라는 활동도 준비되어 있다. 학생들과 관련된 정보로 구성된 카드가 놓여 있는 빙고판에는 '나는 읽는 것을 좋아한다'(보편성)와 '나는 다른 나라에서 태어났다'(특수성)와 같은 내용이 있다. 이러한 활동을 통해 학생들은 '서로를 공감하기 위해 꼭 가장 친한 친구가 될 필요는 없다'는 것을 깨닫는다. 공감의 영역이 친밀한 관계를 넘어 확장될 수 있음을 알게 되는 것이다.

## 2. 인성 교육

인성 교육에 대한 관심이 높아지고 있다. 교육부에서 관련 방침을 세우고 있을 뿐만 아니라 각 지역의 교육청들도 인성 교육 중점학교, 인성 교육 연구학교들을 모집하고 선정하며 관련한 교육자원을 지원한다. 비교적 최근의 모습이지만 인성 교육에 대한 높은 관심은 우리나라만의 현상은 아니다. 미국에서는 교육자, 연구자, 시민들이 모여 1993년 설립한 인성교육협회가 인성 교육 확산을 위해 힘쓰고 있다. 본 협회에서 지정한 원칙에 부합하는 교육을 제공하는 학교를 약 20년 동안 인증해 오고 있다. 그리고 학교와 지역은 이러한 인증을 받는

그림 2.14 인성교육협회 로고
출처: Character.org

행복을 키우는 공감 학습

것을 자랑스럽게 여기며, 주 정부 차원에서도 지역 학교의 인성 교육
을 발전시키기 위한 지원을 아끼지 않는다.

위스콘신 인성교육파트너십(WCEP, The Wisconsin Character
Education Partnership)은 인성 교육을 통해 성실성, 정직성, 공정성,
책임성, 자신과 타인에 대한 존중과 같은 보편적 윤리적 가치를 모든
위스콘신 학생들에게 심어 주기 위한 교사들의 시도를 지원한다. 구
체적으로 위스콘신 인성교육파트너십은 위스콘신에 대한 인성교육
대회(SSOC, State Schools of Character award program)의 스폰서
로 역할을 하고 있다.[30] 인성교육대회에서 수상한 학교는 국가 인성
교육 인증학교(NSOC, National School of Character)라는 인정을
받을 수 있다. 이러한 지정은 대외적으로 학교를 빛내는 영광스러운
일이기도 하지만 더욱 중요한 것은 인성 교육을 선도하는 학교가 되
기 위한 도정에서 학생들은 공감을 비롯한 인성 교육의 가치를 학습
할 수 있고 학교는 더 전문적인 교육을 제공할 수 있는 방향으로의 성

그림 2.15 국가 인성교육대회
출처: Character.org

장을 경험한다는 것이다.

공감은 미국의 인성 교육에서 중요한 하나의 요소이다. 2021년 인성학교(Schools of Character)로 지정된 플로리다주의 리버시티 과학중고등학교(River City Science Middle High School)는 매달 하나의 인성 교육 요소를 지정하여 프로그램을 운영하고 있다. 그리고 공감은 9월의 인성 교육 주제이다. 이 학교의 학생들은 이러한 가치관 교육을 바탕으로 다양하고 구체적인 이슈들을 학습한다. 예를 들어

그림 2.16 리버시티 과학중고등학교 월별 인성 교육
출처: 리버시티 과학중고등학교 블로그(rivercityscienceblog.wordpress.com)

행복을 키우는 공감 학습

'흑인 역사의 달(Black History Month)'이라는 활동을 통해 미국사회에서의 흑인 역사를 함께 배우고 기억, 공감하며 공동체 의식을 함양하게 되는 것이 있다.

미국의 사례를 통해 국가, 지역 등 더 넓은 차원에서 인성 교육을 장려하고 지원하는 것이 각 학교가 인성 교육 프로그램을 개발하는 동력이 되는 것을 확인할 수 있었다. 그리고 또 하나의 인성 교육 사례인 영국의 버밍엄대학 부설학교(University of Birmingham School)의 교육은 대학 연계 교육이라는 또 다른 지속가능 방안에 대한 시사점을 준다.

버밍엄대학 부설학교의 인성 교육은 인성 교육의 틀을 마련하려는 시도를 했다는 점에서 미국의 사회 정서적 학습(SEL) 사례와 공통점을 갖고, 교과과정과 인성 교육을 연계한다는 점에서 우리나라의 사례와도 비슷하다. 버밍엄대학 부설학교는 11세에서 18세의 학생들이 의무교육을 받는 버밍엄대학교 부설 중등학교이다. 이 학교의 인성 교육은 버밍엄대학교의 '주빌리 인성과 덕 연구센터(Jubilee Centre for Character and Virtues)'와 연계하여 이루어지는데, 센터는 인성 교육의 운영을 위한 자료를 제공하기도 하고, 학교에서의 인성 교육 사례를 연구하기도 한다. 주빌리 인성과 덕 연구센터의 홈페이지는 인성 교육을 위한 학습 자료와 관련 연구를 소개하는 온라인 플랫폼의 역할을 하고 있다.

버밍엄대학 부설학교는 인성 교육에 주력하고 공감 교육에도 힘쓰며 '공감의 날(Empathy Day)'이라는 행사를 진행하고 있다.[31] 공감의 날에 서로를 더 잘 이해하고 공감할 수 있는 사회를 만들어 가

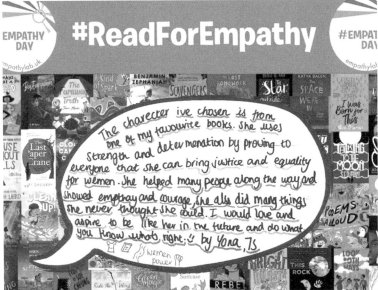

그림 2.17 버밍엄대학 부설학교의 공감의 날 활동
출처: 버밍엄대학 부설학교 트위터 계정(twitter.com/UoBSchool/
status/1402990345181286413/photo/1)

는 방법에 대한 교육활동을 벌이는 것이다. 이날의 교육은 다른 사람의 감정과 관점을 이해하는 공감이 사회를 변화시킬 힘이 된다는 시각에서 출발한다. '다른 사람의 신발을 신고 걷기'라는 주제로 진행된 활동은 다양한 문학작품에서 등장인물의 상황에 공감하고 감정을 추측해 보며 포스터를 직접 그리거나 책 내용을 소개하는 등의 활동으로 구성되었다. 이러한 공감 캠페인은 다른 사람들의 삶과 경험에 대해 상상해 보는 계기를 학생들에게 제공하였다.

### 3. 공감 교육의 의무화: 덴마크의 클라센스티드

높은 수준의 공감 능력은 사회적 관계를 향상시키고 이는 행복지수 상승으로 이어진다. 덴마크는 핀란드에 이어 세계에서 가장 행복한 나라 2위로 선정되었다. 두 국가의 공통점은 진보적인 교육 시스템에 있다고 볼 수 있으며, 특히 덴마크의 경우에는 공감을 명시적으로 가르치려 노력한다. 덴마크의 공교육 과정을 보면, 공감 교육을 의무적인 커리큘럼으로 구성하고 있다. 1993년부터 6~16세 사이의 학생들은 매주 1시간씩 공감을 가르치는 의무수업인 클라센스티드 (Klassens Tid)에 참여해야 한다.

클라센스티드는 정규 교과 활동과 동일한 비중의 중요한 수업으로 간주된다. 덴마크인들은 공감을 타고난 천성으로 생각하지 않고, 수학 공부나 축구 연습 등을 통해 증진할 수 있는 능력(혹은 기술)으로 보고 있으며, 이는 클라센스티드의 성공, 더 나아가 행복감의 증진으로 이어질 수 있었다. 클라센스티드 수업의 방법은 다음과 같다.

① 학생들은 이 시간에 개인적인 문제 또는 학교와 관련된 문제 등 그들이 가질 수 있는 어떤 문제든 이야기할 수 있다. 본인의 문제를 학생들 앞에서 두려움 없이 꺼내고 활발하게 토론하기 위한 환경은 가장 편안한 분위기가 조성된 상태이다. 한 학생이 문제를 이야기하는 동안, 편안한 분위기 조성을 위해 다른 학생들은 다 함께 먼저 만들어 놓은 케이크를 나누어 먹으며 듣는다. 케이크를 함께 먹는 시간이 지속될수록 학생들은 '우리는 교실 안의 가족'이라는 생각을 하게 되고, 다른 학생이 꺼낸 문제에 대해 함께 생각해 보면서 학급의 모든 이들은 다양한 시각을 통해 함께 해결책을 찾을 수 있다.

② 이 과정에서 모든 참여자는 감정에 의한 판단을 하지 않는다. 이는 본 프로그램에서 중요한 부분 중 하나로, 상호 정서를 인식하고 상호존중하는 태도를 배울 수 있다.

③ 한 학생의 고민에 대해 함께 생각하고 해결책을 찾는 과정은 한 아이의 고민이 공동체의 문제가 되는 경험이 된다. 이러한 과정을 통해 참여자 모두는 '네가 인정받을 때, 너는 중요한 누군가가 된다(when you are recognized, you become someone)'는 점을 느끼게 된다.

④ 학생들은 작은 친절함이 가져올 수 있는 긍정적 영향력에 대해 배운다. 학생들은 서로에게 친절한 몸짓의 의미와 자신의 친절이 상대방에게 미친 영향에 대해 말해 보면서 이 점을 배울 수 있다.

⑤ 만약 그 주에 상의할 문제가 없다면, 학생들은 느긋하게 쉬면서 '휘게(hygge: 덴마크 특유의 웰빙, 차분하고 친근하고 반갑고 따뜻한 분위기)'를 함께 즐기는 시간을 보낸다.

TEACHING EMPATHY IS CONSIDERED JUST AS IMPORTANT AS
TEACHING MATHS OR LITERATURE IN DANISH SCHOOLS

그림 2.18 덴마크 클라센스티드를 소개하는 유튜브 이미지
출처: youtu.be/lK5fm_HLp48

IT'S NOT REALISTIC TO BE
HAPPY ALL THE TIME, NO
MATTER WHAT ALL THE
MOTIVATIONAL QUOTES ON
THE INTERNET SAY.

그림 2.19 학생들이 함께 만든 케이크
출처: whatexpatscando.com/in-danish
-schools-empathy-is-taught-one-
hour-a-week-to-have-happier-
adults

그림 2.20 클라센스티드의 페이스북 이미지
출처: facebook.com/Klassens-
Tid-105664277508826

## 4. 시민이 즐기는 공감 교육: 보스턴의 플레이풀 보스턴

영국의 오픈 대학교(The Open University)의 교육기술 연구소 (Institute of Educational Technology)와 노르웨이의 과학기술교육 센터(SLATE, Centre for the Science of Learning & Technology)는 혁신적 페다고지 2019 보고서(Innovating Pedagogy 2019 report)[32] 를 통해, 미래 교육을 변화시킬 수 있는 새로운 페다고지 10개 전략 을 제안하였다. 그중 하나가 즐거운 학습(playful learning)이다. 장 난치고 놀 듯 즐겁게 학습하라는 이 교육방법은 암기와 시험 위주 교 육과는 상반된 방식의 교육이며, 어린이뿐만 아니라 성인에게도 효 과적이다.

특히 플레이풀 보스턴(playful Boston) 프로그램은 도시를 돌아다 니면서 예상치 못한 공간에서 즐거움을 만나게 하여 도시 내 상호작 용을 강화함으로써, 더욱 연결되고 자원이 풍부한 지역사회를 형성 하고자 한다(표 2.9).

이 프로그램은 사람들이 놀이를 통하여 복잡한 문제에 대한 고정관 념에서 벗어나 창의적인 해결책을 개발할 수 있다고 본다. 다시 말해 놀이와 게임은 우리를 새로운 상황에 대한 적응과 더 나은 미래를 위 한 혁신으로 이끈다는 것이다. 이때 놀이의 가장 중요한 역할은 시민 들의 공감과 신뢰를 증진할 수 있다는 점이며, 이를 통해 공동체 생활 이 풍요롭게 완성된다고 본다. 더 나아가 놀이는 시민운동을 보다 탄 력적으로 강화할 수 있기 때문에 민주주의의 실현에도 긍정적으로 작동할 수 있다.

행복을 키우는 공감 학습

표 2.9 플레이풀 보스턴의 원칙

| 원칙 | 설명 |
|---|---|
| 1. 놀이(playfulness)는 모든 연령에게 보편적이다. | 놀이는 어린이들에게만 적용되는 것이 아니라, 연령을 초월해 일어나는 보편적인 것이다. |
| 2. 놀이는 기대하지 못한 어떤 공간에서도 만날 수 있다. | 놀이를 통한 즐거움은 공원, 놀이터, 들판뿐만 아니라, 인도, 버스 정류장, 막다른 골목길과 같은 기대하지 못한 어떤 공간에서도 만날 수 있다. |
| 3. 도시는 효율성보다 인간을 우선시해야 한다. | 도시에 대한 미래상으로서 효율적인 도시, 스마트 도시를 거부한다. 그 대신 장난기 많은 도시를 선호하며, 때로는 그 결과가 혼란스럽고 예측불가능하더라도 도시를 통한 놀이의 인간성(humanness of play)을 실현하고자 한다. |
| 4. 사람마다 가진 놀이는 각기 다르다. | 사람들의 놀이는 각각 독특한 형태를 취할 수 있다. 문화, 이웃, 지역적 맥락에 따라 놀이가 다양하게 나타날 수 있다는 점을 고려해야 한다. |
| 5. 놀이를 위한 놀이로 충분하다. | 놀이는 목적을 위한 수단이 아니다. 인간의 가치로서 놀이가 가진 독특한 특성을 우선시하는 것이 무엇보다 중요하다. |

출처: boston.gov/civic-engagement/playful-boston


대중교통, 공원, 보건 등 도시의 다양한 문제들을 놀이에 연계하여 공감하고 해결책을 함께 모색하려 노력하고 있으며, 시민들의 교육에 관한 대표적인 프로젝트 사례로 커뮤니티 플랜잇(Community PlanIt)을 들 수 있다. 이는 온라인 플랫폼으로 커뮤니티에 관한 더 많은 대화를 나눔으로써 궁극적으로 참가자 간 많은 공감을 형성하는 것을 목표로 하며, 2011년 에머슨대학(Emerson College)의 인게이지먼트랩(Engagement Lab)이 보스턴 공립학교들과 함께 고안한 프로그램이다. 보스턴의 공립학교 교육의 질을 비교하기 위한 기존 방법은 설문조사나 커뮤니티 회의 등이었지만 이는 광범위한 청중이 참여하거나 최상의 피드백을 이끌어 내기는 어려웠다. 이에 따라 에

머슨 대학의 인게이지먼트랩은 더 나은 시민참여를 실현하기 위한 온라인 게임 활용 방안을 수년간 시험했으며, 커뮤니티 플랜잇이라는 플랫폼을 구축하여 시민참여 확대를 가능하게 하였다.

커뮤니티 플랜잇은 놀이를 통해 지역사회의 공교육에 대한 계획을 함께 만들어 가는 게임이라 할 수 있다. 이 게임은 비대면(온라인) 상호작용과 대면 만남을 모두 포함하며, 게임 참가자들은 동료 참가자들과 일련의 대화를 나누며 참가 수준에 대한 점수(평가)를 받으며, 이 점수는 교육에 대한 아이디어 반영에 적극적으로 참고된다. 2011년 9월 15일부터 2011년 10월 20일까지 7번의 게임을 실행했으며, 각 게임은 보스턴시가 학교와 학생들을 어떻게 평가하고 있다고 생각하는지 의견을 나누는 것이었다. 게임 참가자들은 자기 의견을 남기고 다른 참가자 의견에 댓글을 남기면서, 보스턴 공립학교가 우선적으로 고려할 7가지 순위를 요청할 수 있는 점수를 얻게 된다. 온라인 단계의 게임이 끝난 후, 참가자들은 시청 회의실에서 직접 만나 온라인에서 시작된 토론을 계속 진행하며 소규모 집단으로 나누어 역할극을 체험하였다. 이러한 경험을 통해 이들은 자신의 의견과 다른 생각들을 접할 수 있었고, 학교 관리자들에게 자유롭게 창의적인 의견을 제공하였으며, 궁극적으로는 보스턴 교육이 직면하고 있는 문제들에 대해 공동의 이해를 쌓고 공감할 수 있었다.

이렇게 게임을 통해 참여한 사람들을 통한 의견 수렴은 기존의 공청회를 개최하는 방식보다 학교 공동체의 현실을 더 많이 반영할 수 있었다. 많은 사람의 다른 생각을 듣는 과정은 더 큰 공감과 상호 존중으로 이어진다는 점에서, 게임을 통한 의견수렴은 공교육 발전에

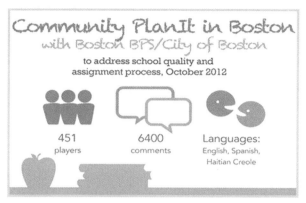

그림 2.21 커뮤니티 플랜잇의 로고 및 참여 결과
출처: boston.gov/civic-engagement/community-planit

더 효과적이었다. 참여자들은 자신들의 의견이 장기적으로 영향을
미칠지에 대해서는 다소 회의적인 점도 있지만, 디트로이트와 필라
델피아 등에서도 적용되었다는 점에서 볼 때 이러한 게임과 공감을
통한 지역사회 교육 개선 프로젝트는 향후 적극적으로 제도화될 필
요가 있다.

# 제8장. 공감 교육을 위한 제안

앞서 공감 교육과 관련한 다양한 국내 사례와 국외 사례를 살펴보았다. 본 장에서는 국내와 국외 사례 간의 비교를 통한 시사점을 도출하고 국내 공감 교육 발전을 위하여 몇 가지를 제안하고자 한다.

우선 국내 공감 교육의 현황을 다시 톺아보자면, 공감 역량의 함양을 교육 목표로서 전면적으로 내세운 교육을 찾아보기는 어려우며 그보다는 학교폭력 예방 교육, 인성 교육 등 기존 범교과적 교육의 하위 역량 요소로서 공감을 다루고 있다. 따라서 공감 교육의 사례로서 어울림 프로그램과 인성 교육 프로그램이 어떻게 진행되는지 구체적으로 소개하였다.

(1) 두 프로그램은 공통적으로 자아의 감정에 대한 이해(나에 대한 공감)로부터 출발하여 타인의 감정으로 영역을 넓혀 가는 과정을 통해 공감의 영역을 확장해 가는 교육을 하고 있다.

(2) 인성 교육 프로그램은 국어와 같은 교과교육과 공감적 듣기를 연계함으로써 의사소통 역량으로서 공감을 함양하는 방식을 택하고 있다.

(3) 특히 어울림 프로그램의 경우에는 학교폭력 예방 교육이라는 단일한 교육목표 아래 그 교육 내용의 범위를 다양하게 확장하면서 비교적 장기간 진행해 왔다. 이에 따라 어울림 프로그램의 효과 연구 결과를 보면, 프로그램의 지속성을 통한 제도적 체계화가 공감 교육의 효과를 높일 수 있는 요소라는 점을 알 수 있었다.

그렇다면 다양한 국외 사례를 살펴본 결과를 통해 우리의 공감 교육을 어떻게 더욱 활성화할 수 있을까?

(1) 우선 교실 내에서 이루어지는 공감 교육 모습, 어떠한 학교환경에서 공감 교육을 실현할 수 있을지 생각해 보자. 학생들은 본인 스스로 주체가 되어 학습 과정을 스스로 이끌어 가는 학습을 통해 공감 능력이 계발되는 모습을 보여 주었다. 즉 학습자 스스로 주도권을 가지고 학습목표를 설정하고 학습전략을 사용하며 학습결과를 스스로 평가하는 일련의 과정, 자기주도 학습의 효과는 기존 교과교육은 물론 공감 교육에도 적용된다는 것이다. 학생들은 '내가 직접 해 보는 것'을 통해 공감 능력의 증진이 가능하며 이는 공감의 실천으로 이어질 수 있다. 다양한 인종의 학생들로 구성된 캘리포니아주 서밋 고등학교의 공감 교육의 사례를 보면, 한 학급 내 구성원들이 끊임없이 서로에 관해 이야기하는 과정에서 상세하게 알아 가고 이를 통해 인간이 얼마나 다면적이고 입체적일 수 있는가에 대하여 공감하는 교육이 이루어지고 있다. 한 개인의 어린 시절부터 현재까지의 모습 하나하

나를 이해하고 그들이 놓인 사회적 배경을 고려할 수 있게 됨으로써, 공감의 인식과 경험이 이루어지는 것이다.

이렇게 학생이 주도적으로 학습을 이끄는 공감 교육 사례로, 국내 인성 교육 사례를 연결하여 생각해 볼 수 있다. 서울 K 고등학교 학생들은 직접 영상 콘텐츠를 만드는 자기주도적 창작 활동 과정에서 조원들과 협력적 학습을 이끌었고, 영상 콘텐츠 제작을 위해 사회의 다양한 구성원들의 특정 이슈에 집중하면서 자신이 공감할 수 있는 주변의 영역을 점차 확장해 나갈 수 있었다. 이 사례는 교실 안에서 이루어지는 공감의 인식이 지역사회-국가-전 지구적 문제에 대한 공감의 실천으로 진행될 수 있다는 점을 보이며, 결국 공감 교육은 서로를 잘 '아는' 것에서 시작하면서도 인식을 넘어 '실천'할 수 있는 교육을 목표로 해야 한다는 점 또한 시사하고 있다.

(2) 학생들이 서로 잘 알아 갈 수 있는 교육환경에 대한 논의에 연결하여 고려할 수 있는 또 하나의 사례는 덴마크의 클라센스티드이다. 학생 모두가 참여해 만든 케이크를 나누어 먹는 과정에서 이들은 서로가 교실 내 가족이라는 감정을 가지게 되며, 음식을 먹고 이야기하는 편안한 분위기 속에서 각 학생은 개인적인, 혹은 학교생활에 대한 고민을 주저하지 않고 꺼낼 수 있게 된다. 서로의 문제에 대해 자유롭게 듣고 생각해 주는 분위기 속에서 이들은 인정, 이해, 상호존중을 자연스럽게 경험하게 되며, 이러한 공감 교육 시간을 주 1회 1시간, 공교육 과정의 의무시간으로 정해 꾸준히 실천하고 있다는 점이 덴마크인들의 행복지수를 전 세계적 순위에 머물게 하는 데 기여한다고 보고 있다. 클라센스티드 사례는 공감 역량 학습을 의무교육 시간

행복을 키우는 공감 학습

으로 지정하여 다른 교과교육과 동일하게 중요하게 보고 있다는 점, 그리고 친밀하고 편안한 분위기의 형성을 통해 교내 따돌림, 학교폭력 등의 문제 원인을 원천적으로 해결할 수 있다는 점에서 시사하는 바가 크다.

(3) 다음으로 상위 조직의 적극적 지원체계를 통해 학교별 공감 교육이 발전할 수 있을 것이다. 이는 정부와 교육기관의 차원에 모두 해당된다. 미국 인성 교육 사례에서 소개한 인성교육대회는 각 학교의 인성 교육은 주(state) 단위로 계획, 운영하면서, 국가(연방정부) 차원의 대회를 통해 인성 교육 프로그램의 개발 및 실천의 중요한 동기부여 요소가 될 수 있다는 사실을 보여 주었다. 이렇게 각 지역의 인구사회학적·교육환경적 배경을 충분히 고려한 지역 단위 공감 교육이 추진되는 동시에, 국가 차원에서 다양하게 교육을 장려할 수 있는 프로그램과 제도를 수립한다면, 학생들의 공감 능력 증진에서 나아가 지역의 인적·교육적 자원의 발전의 효과로 이어질 수 있을 것이다.

영국 버밍엄대학 부설학교 사례는 고등교육기관인 대학교와 연계된 인성 교육 프로그램을 통해, 중고등 교육기관의 연계가 인성 교육 프로그램 발전에 큰 도움이 될 수 있음을 시사하고 있다. 버밍엄대학교의 주빌리 인성과 덕 연구센터는 버밍엄대학 부설학교에서 실시할 인성 교육에 대해 집중적으로 연구하고, 인성 교육을 위한 교육자료를 체계적으로 제작, 제공한다. 또한 인성 교육의 온라인 플랫폼 역할을 하고 있어 학교 안팎의 연계를 통해 교육 서비스에 대한 다양한 수요와 고려할 사안들을 수렴하면서 그 교육적 효과를 확장하고 있다. 이렇게 미국과 영국의 사례를 통해 볼 때, 공감 교육은 학교 내 교실 안으로만 한정될 것이 아니라 학교 밖 자원과의 연결을 통해 교육 프로그램이 더욱 심화, 활성화될 수 있을 것이다.

(4) 상위조직의 지원 외에 국외 사례에서 눈에 띄는 교육은 지역사회 모두가 하나가 되어 즐겁게 경험하는 공감 교육, 보스턴의 플레이풀 보스턴을 들 수 있다. 이는 보스턴시의 도시계획과 연계되어 실행된 공감 교육 프로그램으로, 사람들이 놀이와 게임을 통해 복잡한 문제에 대한 고정관념에서 벗어나 창의적인 해결책을 개발할 수 있고, 새로운 상황에 대한 적응과 더 나은 미래를 위한 혁신으로 이끈다는 것이다. 이 프로그램은 놀이의 가장 중요한 역할을 시민들의 공감과 신뢰를 증진할 수 있다는 점으로 보고, 놀이에 기반한 공감이 궁극적으로는 지역사회 공동체 생활을 풍요롭게 완성한다고 보고 있다. 이 프로그램은 대중교통, 공원, 보건 등 도시의 구석구석을 놀이에 연계하여 공감하면서 해결할 방안을 모색하고 있다. 특히 보스턴시 소재 공립학교 교육 현황을 살피고 그 개선방안을 도출하기 위해 더 많은 시민이 온·오프라인 게임을 즐기면서 참여하여 다양한 의견을 수렴하여 제도에 반영하였다. 이렇게 즐거움에 기반한 공감의 확산은 학생들을 위한 교실 내 공감 교육은 물론 교실 밖 시민을 위한 공감 교육에도 참고할 수 있다. 더불어 최근 코로나19와 같은 예측 불가능한 상황으로 인해 온·오프라인 혼합형 교육환경으로 전환된 시점에서 보스턴시 교육 사례는 더욱 눈여겨볼 필요가 있다. 주로 참여자들의 대면 활동이 중심이 되어 실행되던 기존 공감 교육 방식을 고려해 볼 때, 향후 포스트코로나 시대의 공감 교육을 어떠한 방법으로 개발하고 추진해 나갈 것인가라는 고민에 대해 보스턴의 즐거운 놀이를 통

행복을 키우는 공감 학습

한 공감 교육 사례가 답해 주는 바가 있을 것이다.

　그 외에 다음과 같은 제언을 추후 대학 공감 교육의 과제로 남겨 보고자 한다. 취업 경쟁력을 위한 전공과목이 중심이 되는 교육보다는 공감의 형성과 실천이 중심이 되는 교육으로 전환해 보자는 것이다. 이는 대학의 모든 커리큘럼을 공감 관련 교양과목으로 바꾸자는 요청은 아니다. 물론 공감 능력 강화에 초점을 둔 교양과목은 학생들의 역량 강화를 위해 강화, 체계화해야 할 것이다. 더불어 전공과목의 경우에는 공감 교육 방법으로 효과를 보이는 독서 토론과 글쓰기, 현장 혹은 예술적 체험, 자기주도적 학습, 협력적 학습 등의 방법을 적극적으로 활용하여 대학생 공감 능력을 신장하도록 교육 목표를 다각화하자는 것이다. 특히 엘리자베스 시걸 교수가 주장한 사회구조 맥락의 이해를 통한 사회적 공감의 형성이 실현될 수 있는 수업을 참고할 필요가 있다.

　예를 들어 최근 사회학계에서 주장하는 대중과 적극적으로 소통하는 공공사회학을 추구하는 데 공감 교육 방식의 적극적 도입을 고려해 볼 수 있을 것이다. 사실주의 소설을 통한 현 사회 쟁점에 대한 고민, 소설의 등장인물들이 겪는 문제에 대해 포용적 법과 정책을 대안으로 제시해 보는 과정 등 사회과학 전공과 독서 토론 수업의 연계, 다시 말해 사회과학과 교양 교육의 다각적 융합을 통해, 대학이 제한된 전문분야의 공부를 통해 전문가를 양산하는 공간이 아니라, 오늘날 공감이 필요한 시민의 문제를 해결하고 우리 모두가 품위 있는 삶을 영위할 수 있게 하는 방향을 제시할 수 있는 곳으로 전환할 필요가 있다.

지금까지 우리는 공감 교육이 무엇인지, 어떻게 실행되고 있으며, 어떤 문제가 있는지에 대하여 살펴보았다. 또한 국내외 공감 교육 현황 및 사례를 통해, 아쉬운 점을 고민해 보고 좋은 사례는 어떻게 적용하고 발전시킬 수 있을지 그 방법에 대해서도 논의해 보았다. 한국 교육제도 전반을 파악한 가운데 이루어진 논의라기보다는 공감을 주제로 아이디어를 정리해 본 정도의 글이나, 그럼에도 향후 공감 교육의 지향점이 각 개인의 인성에 관한 문제가 아닌 우리의 도시, 지역, 국가, 지구의 미래를 결정하게 될 것이라는 점에 대해서는 함께 공감할 수 있는 기회가 되었으리라 희망한다.

우리 삶의 면면이 시장 가치화되어 가고 우리가 그리는 학교의 모습은 상상을 초월할 정도로 변화하고 있다. 입시 문제를 다룬 드라마의 등장인물들을 뉴스에서 만나고, 온라인 교실 너머 이제는 교수자-학습자의 아바타들이 만나고 있는 교실을 구경하는 학습이 이루어지고 있다. 이러한 현실에서 인간다움을 고양하는 공감 교육을 학교 안, 나아가 학교 밖 교육으로 구체화해 우리 미래를 행복한 공간으로 만들어보자는 이 책의 제안이 특별히 새롭거나 매력적인 이야기가 아니라고 생각할 수도 있겠다. 온·오프라인을 가리지 않고 고조되는 집단 간 갈등을 공감을 통해 해결하자는 생각에 대해서도 다소 비효율적이고 감상적으로 보인다고 지적할 수 있다. 그렇지만 모든 문제의 해결은 그 근본적인 원인의 치유에 있지 않은가. 지금이야말로 학교가 시장으로 여겨지는 현재의 교육 시스템을 비판하면서 교실 안 공감 교육을 통한 사회정의 실현을 외친 마사 누스바움의 주장을, 그리고 우리가 흥(excitement)이 나는 강의실을 만들 때 모든 존재가 차별의 경계를 넘어 인정받는 삶이 가능해진다고 한 벨 훅스 (bell hooks)의 시각을 다시 한 번 생각하면서, 모두를 위한 공감 교육을 함께 만들고 실천해 갈 때다.

# 에필로그

바야흐로 갈등의 시대이다. 도시사회의 다원적 특성, 사회 집단 간 차이의 증가는 갈등과 분열, 혐오로까지 확장되고 있다. 서로 다른 집단으로 분화되어 드러내는 갈등의 양상은 점점 더 첨예하고 복잡하며 예측 불가능하다. 더는 유연성이나 개방성 등의 태도를 사회 갈등의 해결책으로 제시하기 어려울 정도로 시간과 공간을 불문하고 발생하는 분열의 양상은 확대되고 그 골은 깊어지고 있다.

우리가 마주하는 갈등의 특성이 다양한 만큼 각 갈등에 대한 접근 방법 또한 다를 것이다. 이렇게 여러 갈래로 분화되어 나타나는 갈등의 각 원인이 무엇인지 고민해 보는 과정에서 우리는 대다수 사회 갈등의 해결 방법에 공감이라는 공통점이 있다는 것을 확신하게 되었고 이를 알리고자 글로 정리하게 되었다. 더욱이 공감은 사회화를 통해 계발하고 발전할 수 있는 사회적 감정이라는 점에 주목하여 다양한 공감의 함양 방법으로서의 교육의 필요성을 알리고 주목할 만한 교육 사례를 참고함으로써 공감 향상의 실천적 토대를 마련하고자 한 것이 이 책의 시작이었다.

제1부에서는 상이한 가치관이 충돌하는 현황을 통계 자료를 중심으로 검토하였고, 신뢰와 공감, 그리고 행복의 관계라는 논리적 연결을 통해 한국사회의 공감 부재 문제에 대해 새롭게 접근하고 해결방안을 모색할 것을 제안하였다. 공감과 신뢰는 사회적 상호작용 과정에서 매우 긴밀하게 연결되며 갈등 해결의 단초가 될 수 있다. 신뢰와 공감은 증감의 방향을 함께하므로 사회적 공감의 향상이 갈등의 감소 및 신뢰도 증가에 기여할 수 있고, 또한 증가한 신뢰가 다시 갈등 해소에 긍정적으로 영향을 미치게 되면서 개인의 행복도가 높아질 수 있는 것이다. 결국 문제는 공감을 어떻게 향상시킬 수 있는가이다. 우리가 공감을 향상할 수 있는 학습 방법을 다시 정리하면, '자기 공감, 듣기, 다양한 시선으로 상대 보기, 열린 공감'을 연습하는 것이다. 물론 공감 향상을 위한 개인적 차원의 노력뿐만 아니라 이중 경제의 해소와 같은 거시적인 차원의 제도 개선이 필수적이므로, 이에 대한 사회 전반적 인식과 실천이 절대적으로 요청되는 상황이다.

리베카 솔닛(2016)은 "공감(empathy)은 자신의 테두리 밖으로 살짝 나와 타인의 삶의 미로(path)를 여행하는 상상력의 미덕"이라고 했다. 그렇다면 이렇게 타인이 되어 보는 상상의 과정은 구체적으로 어떠한 실천들로 채워질 수 있을까? 모두가 처한 상황이 다른 만큼 개인의 삶의 미로도 다양할 것이며, 그곳을 여행하는 방법도 무궁무진할 것이다. 제2부에서는 이 질문의 답이 될 수 있는 공감 교육 사례들, 다시 말해 공감을 향상하는 방법의 사례들을 다양하게 조사하여 제시하였다.

　일찍이 공감의 중요성을 간파한 학자들을 시작으로 오늘날에 이르기까지 공감에 대한 연구는 꾸준히 이어지고 있다. 이 학자들의 관점은 공감을 태도로 볼 것인가, 아니면 기능으로 볼 것인가로 나눌 수 있다. 그러나 공감이 적절한 교육과 사회화 과정을 통해 함양할 수 있는 후천적 속성이라는 점, 즉 공감은 노력을 통해 계발할 수 있는 능력이라는 점에는 모두 동의한다. 즉 공감 향상은 공감 교육을 통해 도달할 수 있는 목적지이다.

　그렇다면 공감 교육에 대한 논의는 교육 내용과 교수법에 대한 고민에 한정될 것인가? 그렇지 않다. 학교라는 제도권 내에서의 공감 교육은 학습자의 공감 능력을 구성하는 요소를 비롯하여 공감 교육을 실행하는 교사, 그리고 교육의 무대가 되는 학교와 교실의 안전한 분위기, 보호자와의 소통 등 학교문화를 둘러싼 변수들의 종합적인 고려에 따라 공감 교육에 대한 고려가 시작된다. 따라서 이 책에는 공감 교육의 다양한 변수 간의 상호작용을 살펴보고자 국내외 공감 교육의 사례들을 담았으며, 이를 통해 향후 학교 교육은 공감이라는 사회적 감정에 기반한 교육이 이루어져야 한다는 규범적 지향을 제시하려 노력하였다. 더불어 이러한 교육이 시공간적으로 공교육 과정에만 한정되지 않고 대학교, 시민사회, 그리고 도시사회의 영역까지 확장될 수 있게 해야 한다는 점을 강조하였다.

　각자도생의 분열된 사회의 양상을 진단하고 비판하는 것만을 연구자의 역할로 제한하는 것이 무책임하다는 생각에 동의하여 이 책을 기획하였지만, 글을 끝내는 시점에 우리 사회 문제는 공감의 교육을 통해 해결할 수 있다는 결론을 남기는 것 역시 다소 마무리되지 않은 상황으로 비추어지지 않을지 우려되는 것이 사실이다. 그러나 공감의 향상을 위해 노력할 주체는 우리 모두라는 점에 확신하므로, 여기서 이 책의 의미를 찾고자 한다. 교육을 통해 공감 능력을 키울 수 있으므로 가정, 학교, 직장, 지역사회, 도시, 국가, 세계, 즉 사회화가 이루어지는 모든 공간에서 공감의 학습이 이루어져야 한다는 필요성과 당위성이 더욱 확고해진다.

우리는 이 책을 통해 공감하는 한국 사회를 실현하기 위한 지름길[捷徑]을 제시할 수는 없었지만, 새로운 사회를 만들어 가는 바른길[正道]을 가리킬 수는 있었다고 믿는다. 그리고 상호 취약성에 대한 인정 및 다름에 대한 이해를 통해 형성되는 공감 능력의 향상을 위해 계속해서 그 길을 따라 연구해 나가려 한다.

# 주

1) UN에서 측정하는 '행복지표'와 OECD에서 측정하는 '삶의 질 지표'

2) 우리나라는 건강기대수명(10위) 1인당 GDP(27위)는 비교적 높은 순위를 받았지만 관용(81위), 부정부패(81위), 사회적 지지(99위), 삶에 대한 선택의 자유(140위) 네 개 항목은 중하위권의 순위를 받았다.

3) 한겨레, 2021, 한국 '갈등 지수' OECD 3위로 최상위권…인구밀집도는 심각 (2021.8.19.)

4) 연합뉴스, 2017, '세대갈등 심하다' 국민 인식 2년 새 56%에서 62%(2017.3.15.)

5) 서울신문, 2019, 국민 85% "사회갈등 심각"…세대·계층·젠더 대립 심화 (2019.9.26.)

6) 세대 간 소통에 대한 인식에 대하여 '잘 이루어지고 있다'와 '그렇지 않다'로 응답한 사람의 비율(한국 행정 연구원 사회통합실태조사 2013~2018)

7) 중앙일보, 2019, "이념 갈등 위에 젠더 갈등, 현 정부서 6배로"(2019.4.17.) 보도 자료 재구성.

8) 2015 남성의 삶에 관한 기초연구(Ⅱ): 청년층 남성의 성 평등 가치 갈등 요인을 중심으로, 여성정책 연구원 연구보고서 내 자료 참고

9) YTN, 2016, "갈수록 확산되는 '혐오' 문화…'성 대결' 조짐까지"(2016.5.1.) 보도 자료 재구성.

10) 아시아경제, 2016, "가정 내 남녀 불평등 '온도차'… 남성 25.1% 여성 49.6%" (2016.6. 30.) 양성평등실태조사 기반 자료.

11) 2013~2019 연도별 한국 행정 연구원 사회통합실태조사 데이터 재구성. 사회 내 갈등 발생 원인에 대한 응답 비율.

12) Segal, E.A., A.N. Cimino, K.E. Gerdes, J.K. Harmon, M.A. Wagaman. 2013, "A Confirmatory Factor Analysis of the Interpersonal and Social Empathy Index", *Journal of the Society for Social Work and Research* 4(3), 131–153.

13) KGSS 누적 데이터 2003~2018년 사회에 대한 신뢰를 묻는 문항에 6점 이상(믿을 수 있다)으로 응답한 사람의 비율과 일반인들에 대한 신뢰를 묻는 문항에 신뢰할 수 있다고 응답한 사람들의 비율.

행복을 키우는 공감 학습

14) WVS[wave 5(2005-2010) wave 6(2010-2014) 데이터 참고] 대부분의 사람을 신뢰할 수 있느냐는 질문에 신뢰할 수 있다고 응답한 응답자의 비율.

15) 경제·사회적인 분배에 대한 공정성에 대한 인식에 대해 공정하다(매우 공정하다와 약간 공정하다)와 공정하지 않다(전혀 공정하지 않다와 별로 공정하지 않다)로 응답한 사람의 비율.

16) 이 내용은 필자의 공자 『공감, 대한민국을 바꾼다』에도 소개되었다.

17) The NewYork Times, 2018, "The Most Contrarian College in America" (2018.9.11.)nytimes.com/2018/09/11/opinion/contrarian-college-stjohns.html

18) 필자는 교수로, 교수도 여기에 포함한다. 한국에서 교수가 되기는 매우 어렵지만 교수가 된 후에는 특별히 노력하지 않아도 정년까지 이어갈 수 있다(최근에는 교수에게 부과된 교육과 연구의 업무가 과거보다 훨씬 많아졌다).

19) 일반화된 타자라는 개념은 사회학자 미드가 제기한 것으로 부모나 친한 친구, 직장 동료와 같은 중요한 타자(significant others)가 아닌 길거리에서 우연히 만나는 사람들을 의미한다.

20) 또 식당에서 종업원에게 주문할 때 이 말을 쓰는데, 우리나라에서 주문할 때 쓰는 '이모' 또는 '사장님'과는 비교가 된다. 참고로 중국은 '푸우위엔(복무원)'이라는 말을 쓰니 우리와 비슷하다.

21) 앞선 인용문과 본 문단은 박혜정·장원호(2020)의 일부를 인용하였다.

22) 2015년에 발표된 OECD 학습 나침반 2030(OECD Learning Compass 2030)은 향후 우리가 원하는 미래를 위해 학생들이 강화해야 할 핵심역량의 근간으로 공감을 꼽고 있다. 국내 2015 개정 교육과정의 총론에서도 공감 능력은 미래 인재교육의 중심으로 강조되고 있는데, 예를 들어 핵심역량 중 '의사소통 역량'은 타인과 소통하는 과정에서 타인의 감정과 의견에 대해 이해하고 대인관계 기술을 습득하면서 육성된다는 점에서 공감과 관련이 높으며, 공감을 잘할 수 있으면 타인과 원만한 관계를 유지하고 친사회적 행동을 하며 공동체의 구성원으로 성장할 수 있다는 점에서 핵심역량 중 '공동체 역량'도 공감과의 관련성이 높다고 할 수 있다.

23) 공감의 교실을 조성하기 위하여 고려되어야 할 중요한 조건은 아이들이 스트레스를 해소할 수 있고, 건강하게 행동하면서 자신을 성찰할 수 있는 시간과 공간을 마련해 주는 것이다. 그러나 시험에 대한 스트레스가 증가되고 창의성을 함양할 기회가 박탈되는 교육 제도의 현실을 가리켜 '창조살해(Creaticide)'라는 신조어로 표현하는 것도 무리는 아니다(Garnett, 2017, 26).

24) 공감 능력은 정서적 공감, 인지적 공감으로 나뉘는데, 정서적 공감은 타인을 배려하고 약자에 대한 동정심을 가지는 능력으로 이 능력이 결여되면 타인을 지배하고

학대하려는 모습을 보인다. 주로 가해 학생들에게 부족한 부분이다. 인지적 공감은 타인의 표정과 말투, 태도 등으로 생각을 이해하고 상황을 인식하는 능력으로, 이 능력이 결여되면 상황에 따라 적절한 태도를 취하지 못해 집단 따돌림의 표적이 되기 쉽다.

25) 이와 관련하여 미국에서 20년 장기프로젝트로 진행되어 온 '학교 안정화 프로그램(School Security Program)'의 끈기와 성과를 되새겨 볼 필요가 있다(권수현, 2013, 518-523). 학교안정화 프로그램에는 '교육비 지불 보증제도(School Vouchers)', '볼티모어 예방 프로젝트(Baltimore Prevention Project)', '회복적 사법(Restorative Justice)' 등이 있다. 특히, 회복적 사법은 피해자와 가해자를 포함한 학교 공동체가 문제 해결의 능동적 주체가 된다.

26) 동효관 외(2020)는 2020년 4월과 6월에 시도 규모를 고려한 층화표집법을 통해 전국 143개 중학교를 대상으로 공감 교육에 대한 설문조사를 진행하였으며, 여기에 소개된 내용은 최종적으로 768명의 교사와 3,554명의 중학생의 응답을 정리한 결과이다.

27) 본 프로그램에 대한 자세한 내용은 학교폭력 예방교육지원센터의 홈페이지를 참고하라. (stopbullying.re.kr/board?menuId=MENU00345&siteId=SITE00 002)

28) 중학교 한 학기 동안 학생들이 중간·기말고사 시험 부담에서 벗어나 토론, 실습 중심의 참여형 수업과 진로 탐색 등 다양한 체험 활동을 통해 자신들의 꿈과 끼를 찾고 행복한 학교를 만들어 가는 제도이다.

29) michigan.gov/mde/0,4615,7-140-74638_72831_72834-361321--,00.html

30) 위스콘신은 인성교육대회에 참여하는 30개 주 중 하나다.

31) 공감의 날은 2017년 영국의 EmpathyLab라는 사회연구활동 단체가 시작한 캠페인이다. 공감의 날은 매년 6월 11을 공감의 날로 지정하고, 모두가 서로를 더 잘 이해할 수 있도록 돕고 더 공감하는 사회를 구축하는 방법에 대해 논의해 볼 수 있도록 하는 기회를 제공하고자 한다. 출처: empathylab.uk/about

32) iet.open.ac.uk/file/innovating-pedagogy-2019.pdf

33) boston.gov/civic-engagement/playful-boston

# 참고문헌

게오르그 짐멜, 김덕영 역, 2013, 『돈의철학』, 도서출판 길.

고용노동부, 2018, 근로형태별 근로임금조사.

고희갑, 2014, 「아동용 공감 척도(EQ-C)의 유아 적용을 위한 타당화 예비연구」, 숙명여자대학교 석사학위논문.

교사용지도서(보고서번호: TL2018-06), 1-152.

교육부, 2016, 인성교육진흥법, 교육부 인성체육예술교육과

교육부, 2019, 2019 다문화 교육 지원계획

권경우, 2008, 「승자독식사회와 바보들의 행진」, 『실천문학』, 378-384.

권수현, 2013, 「학교 폭력과 공감의 정서」, 『인문과학연구』 38, 507-527.

권오현, 2017, 「고독의역사사회학」, 『한민족문화연구』 64, 119-150.

김동춘, 2002, 「유교(儒敎)와 한국의 가족주의-가족주의는 유교적가치의 산물인가?」, 『경제와사회』 55, 93-118.

김연숙, 2012, 「자연친화적 숲 체험 활동의 교육적 의미」, 인천대학교 교육대학원 석사학위논문

김영미, 2012, 「공감교육프로그램이 감정반응 수준에 따라 초등학생의 공감능력과 학교생활 만족도에 미치는 영향」, 경인교육대학교 석사학위논문.

김영미·한준, 2007, 「금융위기 이후 한국 소득 불평등 구조의 변화: 소득 불평등 분해 1998-2005」, 『한국사회학』 41(5), 35-63.

김용석·송진희, 2018, 「대인관계·사회적 공감 척도의 개발」, 『한국사회복지행정학』 20(3), 127-159.

김용희, 2007, 「공감 능력과 관련된 성격 특성 및 성차」, 『한국심리학회지: 건강』 12(3), 573-585.

김원식, 2002, 「한국사회의 진보와 민주주의의 발전: 진보-보수논쟁의 국면전환을 위한 제언」, 『사회와 철학』 4, 51-78.

김해연, 2009, 「공감교육 프로그램이 초등학생의 공감능력과 정서지능에 미치는 영향」, 서울교육대학교 석사학위논문.

김헌태, 2018,『초소통사회 대한민국 키워드』, 21세기북스.

김희삼, 2017,『사회 자본에 대한 교육의 역할과 정책방향』, 한국개발원, 66.

김희삼, 2018,『저신뢰 각자도생사회의 치유를 위한 교육의 방향』, 한국개발연구원연구보고서.

대한민국통계연감, kosis.kr/publication.

동효관 외, 2020,『중학생의 공감 능력 신장을 위한 교수·학습방안 탐색』, 한국교육과정평가원.

류현정, 2008,「공감훈련이 초등학생의 갈등해결전략에 미치는 효과」, 대구교육대학교 석사학위논문.

리베카 솔닛, 김현우 역, 2016,『멀고도 가까운: 읽기, 쓰기, 고독, 연대에 관하여』, 반비.

마사 누스바움, 박용준 역, 2013,『시적 정의』, 궁리.

메리 고든, 문희경 역, 2017,『공감의 뿌리』, 서울: 샨티.

박가나, 2020,「사회과 교육과정 속 공감관련 내용 분석」,『학습자중심교과교육연구』20(3), 787-813.

박길성·김호기, 2007,「한국사회의 갈등구조와 통합」, 한국사회학회심포지엄논문집, 한국사회학회, 113-132.

박선호, 2005,「공감훈련 프로그램 적용이 초등학교 아동의 공격성 감소에 미치는 효과」, 공주교육대학교 석사학위논문.

박성희, 1994,『공감,공감적 이해』, 원미사.

박성희, 2004,『공감학: 어제와 오늘』, 창지사.

박찬웅, 2000,「사회적자본, 신뢰, 시장: 시장에 대한 사회학적 접근」, 한국사회학회심포지엄 논문집, 한국사회학회, 79-110.

박혜정·장원호, 2020,「계획이론과 공감 교육에 관한 소고: 누스바움의 이론을 중심으로」,『문화와융합』42(6), 287-308.

박혜정·장원호, 2021,「공감 교육을 통한 도시사회의 이해」,『문화와 융합』43(5), 889-907.

박효정·한미영·김현진, 2016,「어울림 학교폭력 예방 프로그램의 적용 효과 분석」,『교육학연구』54(3), 121-150.

벨 훅스, 윤은진 역, 2008,『경계넘기를 가르치기』, 모티브북.

성윤숙·구본호·김현수, 2020,「학교폭력 예방 어울림 프로그램의 효과적 적용

방안 탐색」, 『청소년학연구』 27(2), 363-383.

손동현·홍경남·백송이, 2013, 「한국 대학교 가치관 교육의 개선방향에 관하여」, 『교양교육연구』 7(1), 259-294.

신경아, 2016, 「여성 노동 시장의 변화에 관한 여덟가지 질문」, 『페미니즘연구』 16(1), 321-359.

신광영, 2013, 『한국 사회 불평등 연구』, 후마니타스.

심상용, 2012, 「승자독식사회와예술」, 『미술사학보』 38, 5-31

애덤 스미스, 박세일·민경국 역, 2009, 『도덕 감정론』, 비봉출판사.

엘리자베스 A. 시걸, 안종희 역, 2019, 『사회적 공감』, 생각이음.

여성가족부, 2017, 『유쾌한 변화 성 평등』.

오길영, 2013, 「대학의 몰락과 교양 교육-미국 대학의 교양교육 현황」, 『안과밖』 34, 177-199.

오찬호, 2013, 『우리는 차별에 찬성합니다』, 개마고원.

유네스코 아시아태평양 국제이해교육원, 2016, 『세계시민교육, 학교와 만나다』.

유네스코한국위원회, 2014, 한국의 유엔지속가능한발전교육10년.

유찬기·장원호, 2021, 「공감은 신뢰를 낳는가?: 신뢰반경에 대한 거시적 조망수용의 영향」, 『조사연구』 22(3), 27-54.

유행관, 2011, 「협동미술활동이 아동의 사회성에 미치는 영향」, 『한국미술학회지』 10(1), 37-49.

이나경, 2011, 「여성 한부모 가족의 의사소통 증진을 위한 치료적 음악 만들기 사례연구」, 『인간행동과 음악연구』 8(2), 21-46.

E-나라 지표 홈페이지, index.go.kr.

이선미, 2017, 「생태영성 교육활동이 유아의 공감과창의적 인성에 미치는 영향」, 중앙대학교 석사학위논문.

이은아, 2017, 「대학생 공감능력 향상을 위한 공감 교육 연구」, 『교육문화연구』 23(5), 149-168.

이재혁, 2007, 「시민사회와 시민적 자본: 시장적 관계모형」, 『사회와이론10(1), 213-261.

이정덕 외, 2014, 『한국의 압축근대 생활세계: 압축근대성 개념과 압축적 경험』, 지식과교양.

이효숙, 2001, 「유아음악극 활동이 유아의 문식성, 음악적 능력 및 신체표현능력에 미치는 영향」, 『아동학회지』 22(4), 243-255.

장경섭, 2009, 『가족·생애·정치 경제: 압축적 근대성의 미시적기초』, 창비.

장원호·김동윤·서문기, 2019, 『공감, 대한민국을바꾼다』, 푸른길.

전효정, 2012, 「Feuerstein의 인지발달 중재프로그램 개관」, 『인지발달중재학회지』 3(2), 51-64.

정수복, 2015, 『응답하는 사회학: 인문학적 사회학의 귀환』, 문학과지성사.

정수복, 2019, 「공공성 증진을 위한 인문학적 교양 사회학」, 한국교양교육학회학술대회자료집, 181-187.

정현주, 2005, 『음악치료학의 이해와 적용』, 서울: 이화여자대학교출판부.

제러미 리프킨, 이경남 역, 2010, 『공감의 시대』, 민음사.

지그문트 바우만·미켈 H. 야콥슨·키스 테스터, 노명우 역, 2015, 『사회학의 쓸모 : 지그문트 바우만과의 대화』, 서해문집

최가영·장원호, 2020, 「일본 대학생의 케이팝 수용과 한국사회에 대한 인식 변화」, 『지역사회학』 21(2), 165-199.

한가희·이인혜, 2016, 「대학생의공감능력과대인관계문제: 스마트폰중독의조절효과」, 『건강』 21(4), 683-697.

한국교육개발원, 2018, "민주시민 육성을 위한 인성 교육 프로그램 '즐거운 교실, 당당한 시민'".

한국교육학술정보원, 2020, "교육과정 연계 다문화 사회 세계시민 교육의 실제", www.kocw.net.

한국은행, 2017, 국민소득통계.

한국일보, 2018, 한국사회갈등설문조사.

한국청소년정책연구원, 2018, 2018년 청년 사회·경제 실태조사 보고서.

한국행정연구원, 연도별 사회통합 실태조사 보고서.

한동균, 2020, 「사회적공감 능력 신장을 위한 사회과 교육 방안 모색」, 『사회과교육』 59(2), 149-168.

Barak, A., 1990, "Counselor training in empathy by a game procedure". *Counselor Education and Supervision* 29, pp.170-178.

Batson, C.D., 1990, "How social an animal?: The human capacity for caring", *American Psychologist* 45, pp.336-346.

Batson, C.D., J. Chang, R. Orr, J. Rowland, 2002, "Empathy, Attitudes, and

Action: Can Feeling for a Member of a Stigmatized Group Motivate One to Help the Group?", *Personality and Social Psychology Bulletin* 28(12), 1656-1666.

Baum, H., 2017, "To learn to plan, write stories", *Planning Theory & Practice* 18(2), 305-309.

Brookfield, S.D. & Preskill, S., 1999, *Discussion as a Way of Teaching: Tools and Techniques for Democratic Classrooms*, Jossey-Bass.

Carkhuff, R.R. & Truax, C.B., 1965, "Training in counseling and psychotheraphy: An evaluation of an integrated didactic and experiential approach", *Journal of Counseling Psychology* 29, pp.333-336.

Chaeyoon Lim, Dong-Kyun Im, Sumin Lee, 2021, "Revisiting the 'Trust Radius' Question: Individualism, Collectivism, and Trust Radius in South Korea", *Social Indicators Research* 153, 149-171.

Covey, S., 2004, *The Seven Habits of Highly Effective People*, London: Simon and Schuster.

Delhey, J., Newton, K., Welzel, C., 2014, "The radius of trust problem remains resolved", *American Sociological Review* 79(6), 1260-1265.

Elias, M. J., Parker, S. J., & Kash, V. M. 2008, Social and emotional learning, moral education, and character education: A comparative analysis and a view toward convergence, In Handbook of moral and character education, pp. 264-282. Routledge.

Ellenwood, S. & RYAN, K., 1991, Literature and morality: an experimental curriculum, in: W. M. KURTINES & J. L. GEWIRTZ (Eds) Handbook of Moral Behavior and Development, vol. HI. Application, pp. 55-68.

Ferguson, Rebecca, et al, 2019, "Innovating pedagogy 2019: Open university innovation report 7" (https://iet.open.ac.uk/file/innovating-pedagogy-2019. pdf)

Feshbach, 1987, *Parental empathy and children adjustment/maladjustment. In N. Eisenderg & J. Stayer(Eds.) Empathy and its development.*, Cambridge University Press.

Firat, R., S. Hitlin, 2012, "Morally Bonded and Bounded: A Sociological Introduction to Neurology." in W. Kalkhoff, S.R. Thye,, E.J. Lawler (Eds.), *Biosociology and Neurosociology* 29, 165-199.

Forester, J., 2009, *Dealing with Differences: Dramas of Mediating Public Disputes,* Oxford University Press.

Garnett, Helen, 2017, *Developing empathy in the early years: A guide for practitioners,* Jessica Kingsley Publishers.

Gomez & Danuser, 2007, "Relationship between musical structure and psycho-physiological measures of motion", *Emotion* 7(2), pp.377-387.

Gorrell, N., 2000, "Teaching empathy through ecphrastic poetry: Entering a curriculum of peace", *The English Journal* 89(5), 32-41.

Guerney, B.G., 1977, *Relationship enhancement : Skill training programs for therapy, problem prevention, and enrichment.* San Francisco: Jossey Bass.

Hoerr, Thomas R., 2017, *The formative five: fostering grit, empathy, and other success skills every student needs,* Alexandria, Virginia: ASCD.

Hoffman, M.L., 1982, The measurement of empathy, In C. E. Izard(Ed.).

Hoffman, M.L., 2000, Empathy and Moral Development: Implications for Caring and Justice, New York.: Cambridge University Press.

Hume, David, 1739, *A treatise of human nature. edited by P. H. Nidditch,* Oxford University Press.

Kehret, P., 2001, "Encouraging Empathy". *School Library Journal,* 47(8), 44-45.

Konrath, S., O'Brien, E., Hsing, C, 2011, "Changes in dispositional empathy in American college students over time: A meta-analysis", *Personality and Social Psychology Review* 15(2), 180-198.

Krznaric, R., 2014, Empathy: A handbook for revolution. Random House.

Lewis, J.D., Weigert, A., 1985, "Trust as a Social Reality", *Social Forces* 63(4), 967-985.

Lübke, K.T., C. Sachse, M. Hoenen, B.M. Pause, 2020, "Mu-Suppression as An Indicator of Empathic Processes in Lesbian, Gay, and Heterosexual Adults", *Archives of Sexual Behavior* 49(2), 635-644.

Luhmann, Niklas, 1982, *Trust and Power,* John Wiley&Sons New York.

Lee, Sumin. and Jang, Wonho, 2021 "How Much Does Empathy Resemble

Trust? Trust Radius and Interpersonal Empathy in South Korea." *Culture and Empathy* 4(2): 143-155.

Miller, H.M., 2000, "A dose of empathy". *Reading teacher*, 54(4), 380-381.

OECD, 2020, OECD Better Life Index.

Peggy Levitt, 2015, *Artifacts and Allegiances,* University of California Press.

Petersen, M.B., R. Slothuus, R. Stubager, L. Togeby, 2010, "Deservingness versus Values in Public Opinion on Welfare: The Automaticity of the Deservingness Heuristic", *European Journal of Political Research* 50(1), 24-52.

Riess, H., & Neporent, L., 2018, The empathy effect: Seven neuroscience-based keys for transforming the way we live, love, work, and connect across differences. Sounds True.

Rogers, C.R., 1975, "Empathic: An Unappreciated way of being" The Counseling Psychologist 5, pp.2-10.

Sandercock, L., 2003, "Out of the Closet: The Importance of Stories and Storytelling in Planning Practice", *Planning Theory & Practice* 4(1), 11-28.

Segal, E.A, 2007, "Social Empathy: A new paradigm to address poverty." *Journal of Poverty* 11(3), 65-81.

Segal, E., Wagaman, M., & Gerdes, K., 2012, "Developing the social empathy index: An exploratory factor analysis", *Advances in Social Work* 13(3), 541-560.

Segal, E.A., A.N. Cimino, K.E. Gerdes, J.K. Harmon, and M.A. Wagaman, 2013. "A Confirmatory Factor Analysis of the Interpersonal and Social Empathy Index", *Journal of the Society for Social Work and Research* 4(3), 131-153.

Shipman, K., Zeman, J., Penza, S., & Champion, K., 2000, Emotion management skills in sexually maltreated and nonmaltreated girls: A developmental psychopathology perspective. Development and psychopathology, 12(1), 47-62.

Smith, C., McGovern, G., Larson, R., Hillaker, B. & Peck, S.C., 2016, *Preparing youth to thrive: Promising practices in social and emotional learning*, Washington, DC: Forum for Youth Investmement.

The World Economic Forum, 2020, The Global Risks Report 2020(https://www3.weforum.org/docs/WEF_Global_Risk_Report_2020.pdf)

Throgmorton, J., 1996, *Planning as Persuasive Storytelling,* University of Chicago Press.

Throgmorton, J., 2003, "Planning as Persuasive Storytelling in a Global-Scale Web of Relationships", *Planning Theory* 2(2), 125-151.

UN, 2019, UN World Happiness Report.

Wagaman, M.A., K.S. Compton, & E.A. Segal, 2018, "Social empathy and attitudes about dependence of people living in poverty on government assistance programs", *Journal of Poverty* 22(6), 471-485.

# | 찾아보기 |

ㄱ

거시적 조망 수용 39

게오르그 짐멜 44

경제권 29

계층 갈등 19

공감 94

공감 교육 96

공감 능력 96

공감의 날 147

공감의 뿌리 104~108

국가 인성 교육 인증학교 145

규칙의 모호성 51


ㄴ

노동시장에서의 불평등 30

노미 마사히코(能見正彦) 69

노사 갈등 19

니클라스 루만 44


ㄷ~ㄹ

대인적 공감 37

도덕적 해이 67

동시대의 비동시성 34

리처드 이스터린 13


ㅁ

맥락적 이해 39

문화통치 53

물질만능주의 58

민족말살정책 53


ㅅ

사회 갈등 18, 19

사회 정서적 학습(Social and
    Emotional Learning) 137~144

사회자본 47, 49

사회적 공감 학습 108~111

상대적 박탈감 22

생태환경교육 131~134

성별 갈등 26

성역할 30

세계시민교육 134~136

세대 갈등 20

숲 체험활동 103

승자독식문화 58

신뢰 범위 45


ㅇ

압축적 근대화 56, 58

어울림 프로그램 124

엘리자베스 시걸 37, 44

열린 공감(open empathy) 81

윌리엄 그레이엄 섬너 80

이스터린의 역설 13

이중 경제(dual economy) 87

「인성 교육 진흥법」 118

인성교육(국내 사례) 126~131

인성교육대회 145

일상문화콘텐츠(life contents) 78

임금격차 31


ㅈ

자기 공감 61

자기충족적 예언(Self-fulfilling
   prophecy) 70

적용의 임의성 51

지속가능발전교육 132

집단주의 사고방식 55


ㅊ~ㅎ

천민자본주의 58

클라센스티드(Klassens Tid) 149~151

페미니즘 29

플레이풀 보스턴(Playful Boston)
   152~155

학교폭력 예방 교육 123~126

학력지상주의 35

혐오 18


OECD 삶의 질 지표(Better Life Index)
   16

UN 행복지수 14

행복을 키우는 공감 학습